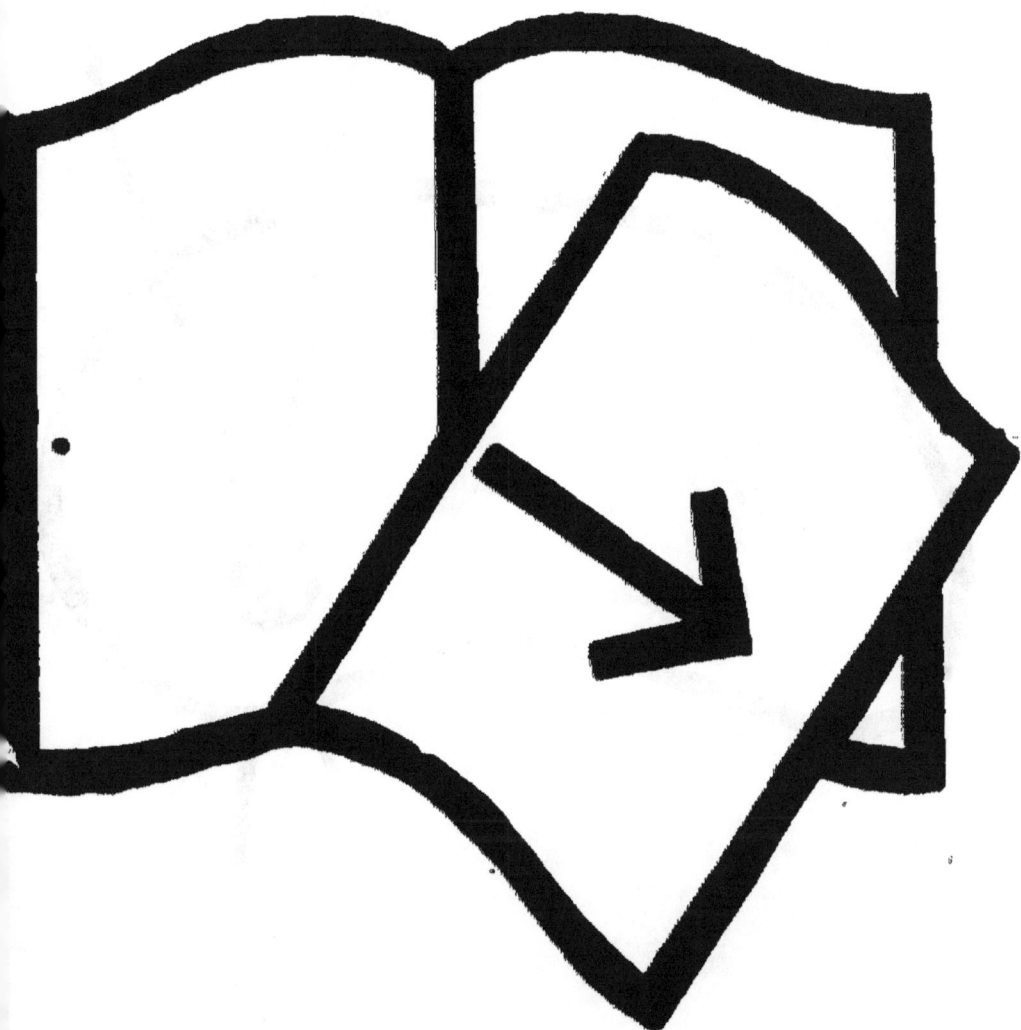

Couverture inférieure manquante

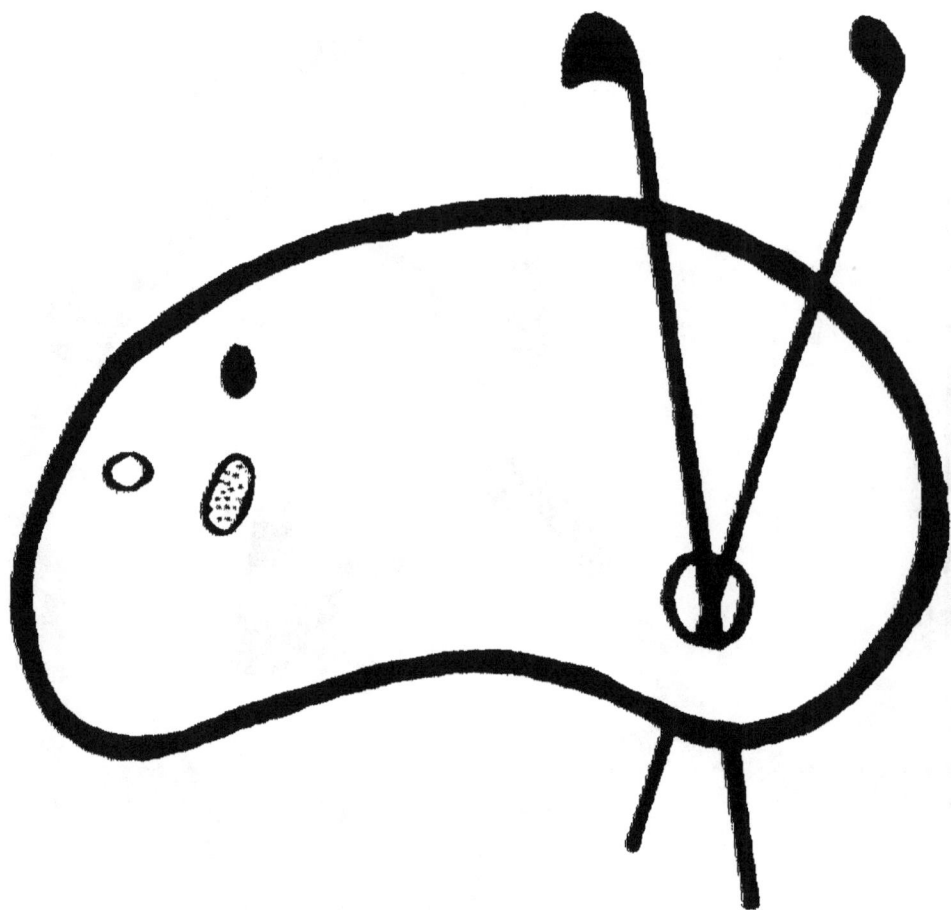

ÉPHÉMÉRIDES

DU

NOYONNAIS

PAR

Emile COËT.

NOYON

IMPRIMERIE J. TUGAUT

6, RUE DU NORD, 6

—

1887

ÉPHÉMÉRIDES

DU

NOYONNAIS

PAR

Emile COËT.

NOYON

IMPRIMERIE J. TUGAUT

6, RUE DU NORD, 6

—

1887

ÉPHÉMÉRIDES

DU NOYONNAIS

1ᵉʳ Janvier.

1377. — Décharge par les Frères et Sœurs de l'hôpital de Saint-Jean de Noyon, d'un muid de blé dû sur la terre de Moyencourt, relevant de l'évéché et du comté de Noyon.

1680. — François de Roussy est nommé curé de Tracy-le-Mont; il est l'objet de violences de la part des hérétiques de sa paroisse, qui furent obligés de s'expatrier, en 1682.

1714. — Mandement de François de Chateauneuf, évêque de Noyon, concernant la constitution du pape Clément XI, qui fut confirmée par lettres patentes du roi.

1722. — Charles Bernard, de Tracy-le-Mont, ayant été tué d'un coup de bâton, l'assassin est pendu en effigie sur la place du village, et ses deux complices condamnés aux galères. Ils obtiennent leur grâce de l'évêque d'Orléans qui faisait sa première entrée dans la ville épiscopale.

1775. — Assemblée du syndic et des habitants de Salency, à la porte de l'église paroissiale, à l'issue des vêpres, dans laquelle François Sauvel, fait part de la générosité de l'avocat Target, qui avait défendu les droits des Salenciens devant la cour du Parlement, et qui refusa les honoraires qu'on lui offrait, en disant: *Je suis trop payé d'avoir défendu la cause de la vertu.* L'assemblée vote des remerciements à l'éloquent avocat et décide que cet acte sera consigné sur les registres d'assemblée de la communauté.

2 Janvier.

1231. — Sentence arbitraire rendue par Eudes, écolâtre du Chapitre de Noyon, mettant fin à une contestation élevée entre les chanoines, et le prieur d'Elincourt-Sainte-Marguerite.

1497. — Le Chapitre de Noyon réglemente « l'élection d'un roi » que les vicaires de la cathédrale avaient l'habitude de faire la veille de l'Epiphanie » Il décide que la cavalcade dont le roi et ses camarades fournissaient à la ville et aux environs le divertissement, commencera désormais à midi, pour finir à deux heures, et que toute chanson profane et bouffonne sera bannie de son programme.

3 Janvier.

1683. — Naissance à Avricourt d'Elisabeth de Renty, dame du Petit-Ourscamp qui apporta en dot le fief à Antoine de Monchy.

1871. — Les commerçants de Noyon se réunissent à la mairie et décident que les thalers seront acceptés et échangés pour une valeur de trois francs soixante centimes, comme dans les villes voisines.

1877. — D'un tableau publié par la municipalité de Noyon, il résulte que pendant l'année 1876, il a été amené, sur le marché de la ville, 27 bœufs, 2,588 vaches, 141 veaux, 205 génisses, 107 taureaux, 52 chèvres, 107 anes, 1,663 chevaux, 176 porcs gras, 1,737 porcs coureurs, 2,806 porcs de lait et 70,000 moutons.

Un autre tableau constate que, pendant la même année, le prix du blé a été en moyenne de 20 fr. 50, celui du méteil de 15 fr. 90, celui du seigle 13 fr , celui de l'avoine de 9 fr. 85, celui des haricots 35 fr. 90, celui de la farine de 35 fr. 35, et que le pain a été vendu en moyenne 0 fr. 30.

4 Janvier.

1204. — L'évêque de Noyon assiste au concile provincial tenu à Compiègne, présidé par l'archevêque de Reims, Robert de Courtenay.

1371. — Les conseillers de Paris sur les aides de la guerre font délivrer par Renaud de la Chapelle, receveur du diocèse de Noyon, onze cents francs d'or.

1521. — Le Chapitre de Noyon autorise le

roi des fous, nommé par le sous-diacre de la cathédrale, la veille de l'Epiphanie, de porter aux offices la couronne royale, suivant l'ancien usage.

1677. — Mandement de l'évêque de Noyon, pair de France, réglant le pouvoir, le droit et la visite des doyens ruraux du diocèse.

1686. — Permission accordée à Louis Maurey, imprimeur de l'évêché, demeurant à Noyon, d'imprimer, de vendre et de débiter un livre intitulé : *Les huit barons ou fieffés de l'abbaye Saint-Corneille de Compiègne, fait par Louis de Gaya, écuyer, sieur de Tréville.*

5 Janvier.

1766. — Mandement de l'évêque de Noyon, de la Cropte de Bourzac, prescrivant des prières publiques pour le repos de l'âme du Dauphin.

1840. — Le sieur Carbonnier est écrasé par un éboulement dans la carrière de Salency.

1871. — On entend à Noyon le canon dans la direction de Péronne. Un convoi de voitures et de caissons traverse la ville venant de Blérancourt se dirigeant vers Roye. On apprend que le Mont-Avron a été pris par les Prussiens le 29.

6 Janvier.

1289. — L'abbé Pierre, prieur d'Elincourt-Sainte-Marguerite autorise les habitants de Dreslincourt, à laisser paître leurs bestiaux dans les prairies du domaine d'Attiches.

1709. — Le froid commence à se faire sentir et dure jusqu'au 25 ; les rivières sont prises de glace ; le vin gèle dans les tonneaux. Puis le temps s'adoucit, le dégel s'ensuivit, qui fit périr tous les blés en terre.

1721. — A cause de la cherté des vivres, le Chapitre de Noyon décide qu'il n'y aura pas d'élections *d'un roi des fous*, comme cela avait lieu la veille de l'Epiphanie.

1806. — « *La Loge de l'Heureuse Rencontre l'Union désirée de l'Ordre de Noyon* », publie son règlement. L'article 14 de ce curieux règlement est ainsi conçu : « Il est expressément « défendu de recevoir qui que ce soit gratis, « cela étant totalement contraire à la règle : il

« n'y a que les gens à talens qui soient dans
« le cas d'éprouver cette grâce. » Pendant dix
« ans, le registre du trésorier indique soigneu-
sement les sommes reçues des « profanes »
pour leur initiation. Il n'est donc point entré,
dans la société, pendant ces dix années, « de
gens à talens. »

7 Janvier.

1545. — Enregistrement à la cour du Parlement des lettres patentes d'Henri IV approuvant les articles de la soumission de la ville de
Noyon.

1595. — Sentence de l'official de Noyon déclarant nul le mariage de Nicolas d'Amonval,
seigneur de Liancourt-Fosse, du diocèse de
Noyon, avec Gabrielle d'Estrées de Cœuvres,
maîtresse d'Henri IV.

1619. — Naissance à Noyon de François de Maucroix, poète français, mort à Reims en 1708. Il
était fils d'un procureur et fut amené fort jeune à
Paris, après avoir, à ce qu'on croit, commencé
ses études à Château-Thierry. Il fréquenta
Patru, Lafontaine, Racine, Boileau, Conrart,
Pellisson, Tallemant, Perrot d'Allancourt, etc.

D'assez bonne heure, Maucroix quitta Paris
et se rendit à Reims pour y faire partie de la
maison de M. de Joyeuse, lieutenant du roi
au gouvernement de Champagne. Maucroix eut
son petit roman de jeunesse dans cette noble
maison. Il devint amoureux de la charmante et
spirituelle Henriette-Charlotte, fille de M. de
Joyeuse. Tallemant narre à sa façon l'aventure
et nous dit que l'amour du secrétaire fut partagé par la jeune personne.

Cet amour finit comme il devait finir et l'on
maria Mlle de Joyeuse. Elle fut fiancée, dit
Sainte-Beuve, au marquis de Lénoncourt, et
Maucroix, au même moment où il étouffait sa
douleur, était chargé par l'amant et le fiancé,
qu'éloignait un devoir militaire, de faire des
vers élégiaques destinés à la jeune épouse. Ce
serait un moyen de se venger de son rival en
pareil cas que de lui faire de mauvais vers.
Maucroix n'y songea pas, lui ; seulement il
exhala son dépit contre ce rival dans une épi-
gramme. »

Maucroix acheta à Reims une prébende va-
cante, et renonçant par là à la carrière laïque,
non au monde toutefois, à Satan ni à ses pompes, il devint chanoine de la cathédrale.

Ce fut un homme aimable, léger, doux, bon-homme, comme son ancien condisciple La Fontaine, de mœurs faciles, mais jamais libertin par tempérament ou de parti pris comme Chaulieu, Crécourt et d'autres. Il chérissait la douce paresse du lettré, son benoit prélat, son jardin, sa jolie maison. Il reçut plusieurs fois dans sa paisible retraite champenoise ses bons amis Boileau et Racine, quand ils voyageaient à la suite du roi. On cite des lettres de Despréaux et de La Fontaine à notre chanoine.

Au point de vue poétique, Maucroix épigrammatique et badin dans sa première manière, est de la famille de Maynard, de La Monnoie, de Regnier, de Racan et d'Horace.

Les épigrammes contre le mariage ont toujours été fort prisées. Maucroix en fit deux qui sont excellentes.

En voici une : elle date du temps où il n'était pas encore dans les ordres :

> Ami, je vois beaucoup de bien
> Dans le parti qu'on me propose ;
> Mais toutefois ne pressons rien.
> Prendre femme est étrange chose ;
> Il faut y penser mûrement.
> Gens sages en qui je me fie
> M'ont dit que c'est faire prudemment
> Que d'y penser toute la vie.

1631. — Les religieux de Saint-Eloi prennent possession de la citadelle de Noyon, en commencent la démolition pour rétablir leur abbaye, après quarante ans de suppression. Les Bénédictins firent bâtir à la hâte un couvent fort modeste qui fut achevé, ainsi que l'église, dans la même année.

1667. — Le Chapitre de Noyon supprime le spectacle de la veille de Noël qui représentait des anges veillant à la crèche, pendant la nuit.

1700. — Les officiers et chevaliers de l'arc de Noyon remettent entre les mains des Ursulines le terrain de leur jardin, en réclamant un délai de quinze jours pour l'enlèvement des buttes et de la maison. Cordelier, connétable des archers, signe l'acte au nom de la compagnie.

8 Janvier.

1422. — Raoul de Coucy, évêque de Noyon, fait présent au Chapitre de la cathédrale d'un *beau cours civil* en cinq volumes, à la charge de construire une bibliothèque. Le 18 suivant, une commission composée de quatre chanoines est nommée pour choisir un lieu convenable pour édifier la librairie.

1569. — Entrée à Noyon de M. de Montmorency, gouverneur de l'Ile-de-France ; les arquebusiers forment la haie sur son passage.

1681. — Mort à Paris de Charles de Brancas, marquis d'Apilly, chevalier d'honneur de la reine Anne d'Autriche.

1871. — Des officiers prussiens demandent à la mairie de Noyon cinquante ouvriers pour travailler au chemin de fer et pour réparer la machine élévatoire de Saint-Blaise. Le soir un convoi prussien déraille entre Pont-l'Evêque et Ourscamp, par suite du bris d'un rail.

9 Janvier.

1451. — Accord entre Jean de Mailly, seigneur de Beaufort, et l'abbaye de Saint-Eloi de Noyon, relativement à la seigneurie de Vrély-en-Santerre et des fiefs tenus de Beaufort.

1626. — Me Nicolas Jacquart, chanoine écolâtre de l'église de Noyon, prieur de Villeselve, meurt à Noyon ; il est inhumé au milieu de la nef de la cathédrale, près de ses oncles, dont l'un était docteur et professeur en médecine.

1828. — Ordonnance royale portant réunion des communes de Suzoy et de Larbroye.

1835. — Incendie de quatre maisons et de leurs dépendances dans la commune de Suzoy, attribué à la malveillance. Le feu dévore encore deux granges dans le même village, le 28 de ce mois.

1877. — Inhumation à Noyon de M. Crémery, ancien conseiller municipal, membre de la commission administrative des hospices, l'un des fondateurs de la Caisse d'Epargne de l'arrondissement de Compiègne, membre de la Société de Saint-François-Xavier, secrétaire du conseil de fabrique de la cathédrale. Il était mort quelques jours avant à Paris chez son fils, M. Crémery.

10 Janvier.

1429 — Jean Gribeauval, chanoine de Noyon, est mis à l'amende par décision du Chapitre, pour avoir voulu renouveler la *fête des fous*, le jour de l'Epiphanie, à complies.

1354. — Une maladie contagieuse règne à Noyon et pendant les deux mois qu'elle dure cause une grande mortalité malgré les processions faites par le Chapitre.

11 Janvier.

1322. — Lettres patentes du roi Charles IV, confirmant les privilèges dont jouissaient les compagnies d'arc et de l'arbalètre de la ville de Noyon. Ces privilèges furent successivement confirmés par Charles V, en 1364, par Louis XIII en 1634 et par Louis XIV en 1664.

1486. — Guillaume de Rouvroy, gouverneur de Saint-Quentin, cède à Jean Laisné, seigneur de Morancy-la-Ville et à Catherine de Rocqueville, sa femme, toutes les terres et seigneuries qu'il avait, tant en fief qu'en rôture, aux villages de Coudun, Baugy, Clairoix, Orvillers, Longueval, Bienville, Boulogne-la-Grasse et la maison nommée : la *Porte-Rouge*, sise à Compiègne, fief dépendant de l'abbaye Saint-Corneille avec les droits et honneurs y attachés, comme celui de porter la verge devant l'abbé aux processions et à certains jours de fête.

1653. — Arrêt du Conseil d'Etat rendu, sur le vu des lettres patentes du roi pour l'établissement d'un séminaire dans la ville de Noyon, et sur les instances de messire Henri de Baradat, évêque et comte de Noyon, pair de France.

12 Janvier.

1415. — Jean Géron est député à Compiègne, auprès du duc d'Orléans, pour *déblamer* la ville de Noyon des calomnies auxquelles elle était en butte.

1600. — Arrêt de la cour du Parlement pour le bornage du cloître canonical de Noyon rendu d'accord avec l'évêque et les chanoines.

1612. — Barbe le Fèvre qui possédait le fief *Cloquette*, acheté par Jean, son père, maire de Noyon, aux chapelains de la cathédrale, le cède à Antoine de Bertin, écuyer, seigneur de Dreslincourt, qui en fit hommage à Claude le Gros, abbé de Saint-Corneille, de Compiègne.

1692. — On apprend à Noyon que trois religieux ont été assassinés par des gardes du corps dans l'église St-Corneille de Compiègne.

1733. — Claude de Rouvroy Saint-Simon, évêque et comte de Noyon, prend rang parmi les pairs de France. Au mois de septembre, il fut nommé à l'évêché de Metz, où il mourut.

1877. — Mort de M. Beudoux-Pluche, cultivateur, conseiller municipal, membre de la commission des hospices, juge au tribunal de Compiègne. C'était un des hommes les plus sympathiques de Noyon ; pendant l'invasion il avait rendu des services importants.

13 Janvier.

Lettres patentes du roi Charles V qui prorogent pour un an, la faculté accordée à la ville de Noyon, de toucher deux deniers sur douze, pour les fortifications de la ville.

1790. — La municipalité de Ressons nomme le curé constitutionnel Morainvillé, recevant des revenus de l'Hôtel-Dieu de la commune ; il donne bientôt sa démission et se retire à Compiègne. Après la Révolution, il fut nommé curé de Mareuil, puis doyen de Lassigny, où il mourut d'une façon édifiante en 1831.

14 Janvier.

1455. — Jean de Mailly, évêque de Noyon, assiste au procès en réhabilitation de Jeanne d'Arc.

1554. — Règlement concernant la salubrité de la ville de Noyon et les moyens d'éviter la maladie contagieuse qui causait une grande mortalité dans Noyon et dans les villages voisins.

1565. — Enregistrement à la Chambre des comptes et à la Cour des aides des lettres patentes du roi concernant les articles de la soumission de la ville de Noyon.

15 Janvier

1714. — La supérieure des Ursulines de Noyon, Marie Caperon, achète pour la communauté, une maison rue de l'Ange, touchant aux bâtiments du couvent, moyennant huit cents livres.

1872. — Découverte à Élincourt-Sainte-Marguerite d'une sépulture ancienne ne renfermant, sous une couche de cendres, qu'un squelette plié en deux, la tête sur les genoux et les pieds dirigés vers le sud.

16 Janvier.

1510. — Le chapitre cathédral de Noyon assemblé capitulairement fait défense aux sonneurs d'introduire des femmes sur les voûtes de l'église et dans les tours, pour y danser et chanter le jour de la translation de Saint Éloi, au 19 janvier.

1531. — Jean III de Hangers, évêque et comte de Noyon, étant au château de Carlepont, adresse aux chanoines de Noyon une lettre au sujet des protestants dont le nombre augmente, il leur prescrit de faire une procession *honorable* à laquelle il assistera.

1769. — Sentence du bailliage de Noyon rendue sur les conclusions du ministère public, défendant à toute personne faisant fonction de garde-malade, tant à Noyon que dans l'étendue du ressort de la juridiction, de s'approprier les linges, habits, hardes des malades confiés à leurs soins, à peine d'être poursuivie comme voleur.

1871. — On aperçoit un ballon au dessus de Noyon, puis un autre vers Genvry, se dirigeant tous deux au nord. Des ouvriers allemands et français travaillent à la voie ferrée vers Pont-l'Évêque ; l'officier commandant l'atelier réquisitionne un déjeuner pour trente hommes dont voici le menu : 20 kil., de pain, 15 kil., de charcuterie et 12 bouteilles d'eau-de-vie. Les ouvriers de Noyon furent renvoyés à quatre heures avec une paie de quatre francs.

17 Janvier.

1361. — Eustachie, dame du Plessis-Brion et de la Neuville-sous-Ressons, fait son testament en faveur de l'abbaye d'Ourscamp.

1413. — Les échevins de Noyon réunis à la chambre de ville décident : « considéré les nouvelletez que on voit de jour en jour » de faire fermer les portes de Saint-Éloi et du Wez et de faire garder les autres par huit personnes pendant le jour et vingt-quatre pendant la nuit.

1726. — Naissance au château d'Avricourt de Louis-Marie-Antoine de Campagne, chevalier d'Avricourt, qui fut officier au régiment de Biron et prit une part active à la guerre de Sept ans ; il fut chevalier de St-Louis en 1780, et mourut à Péronne, lieutenant du roi en cette ville.

1861. — Un sarcophage gallo-romain est découvert près du château de Bellinglise, il contenait le squelette d'une femme et treize vases en terre de formes diverses.

1871. — On apprend à Noyon qu'un combat à eu lieu à Saint-Quentin et que les prussiens ont dû battre en retraite vers Ham ; il arrive en effet, dans la ville, vers cinq heures, environ huit cents hommes et autant de cavaliers fatigués, démoralisés, suivis de quatre cents voitures, ils pénètrent de vive force dans les maisons et maltraitent les habitants.

18 Janvier.

1377. — François Chanteprince, receveur des aides du diocèse de Noyon, paye sur un ordre de Charles V, à Jehan du Vivier, orfèvre et valet de chambre du roi, la somme de neuf cent dix-sept francs tournois pour le prix d'un drageoir d'or avec son étui.

1772. — Débordement de la rivière d'Aisne, qui inonde toutes les communes du Noyonnais baignées par ce cours d'eau.

1861. — Découverte d'un sarcophage sur le terroir d'Elincourt-Sainte Marguerite. Ce cercueil contenait une amphore, des urnes, des plateaux en terre rouge et quelques monnaies romaines.

19 Janvier.

1366. — Oudard de Jauré, élu en l'élection de Noyon, se transporte à Nesle pour recueillir les impositions établies pour la délivrance du roi Jean. Il met à former les impositions du doyenné rural de Curchy.

1360. — Des députés revenant de Paris, passent et logent à Noyon. L'échevinage présente du vin à l'archevêque de Reims, à monsieur de Coucy, à messieurs de Braisne, de Rainneval, de La Fère, de Portien, de Canny, de Moreuil, au bailli de Vermandois, au vicomte de Meaux, au receveur de Vermandois, aux maïeurs d'Amiens, de Compiègne, de Ham, de

Moncel, d'Abbeville, de Rû-sur-Mer, de Saint-Riquier, du Crotoy, d'Arras, de Béthune, de Lenssen, du Hosdin, de Saint-Pol, de Bappaume, d'Aire, de Senlis, d'Epernay, de Saint-Quentin, de château-Thierry, de Chauny, de Montdidier, de Soissons, de Beauvais, de Chalons, de Laon, de Corbie, de Saint-Omer, de Péronne, de Reims et de Thérouanne.

1408. — Le jour de la translation des reliques de Saint Eloi et les jours suivants qui s'appelaient ; *La fête aux gourmands*, il se commettait des indécences dans les voûtes et les tours de la cathédrale de Noyon, les sonneurs y induisaient des femmes pour y danser et chanter. Cet usage cessa d'exister en 1511.

1723. — Mandement de l'évêque, comte de Noyon, ordonnant de chanter un *Te Deum* dans toutes les églises de son diocèse, à l'occasion de la réduction du château de Milay.

20 Janvier.

1523. — Lettre du roi adressée aux habitants de Noyon les informant de la prise de Rhodes, au grand scandale de la chrétienté.

1871. — On apprend à Noyon que le maire de Salency et M. de Devise ont été enlevés la nuit par une centaine de Prussiens venant de Compiègne. Des officiers déjeunent à l'hôtel du Nord lorsqu'arrivent des uhlans portant une dépêche pour le commandant de place ; après avoir pris lecture du télégramme, il s'écrie : *Vive le roi ! Vive la Prusse !* puis se tournant vers le maître d'hôtel il lui dit : *Apportez du champagne le plus meilleur*. C'était la nouvelle de la prise de Saint-Quentin et la défaite de l'armée de Bourbaki.

21 Janvier.

1766. — Testament de M. Jean-François de la Cropte de Bourzac évêque comte de Noyon, pair de France, par lequel il lègue :

Aux pauvres de la ville une somme de 1,200 livres ; à Audrand, son maître d'hôtel, 600 livres ; à Rousselas, son ancien cuisinier, 300 livres ; à Saint-Denis, son cuisinier, 200 livres ; à Ducas, son valet de chambre, 600 livres ; à Hebert, son cocher, 600 livres ; au couvent des cordeliers de Noyon, 200 livres ; à l'Hôtel de la Charité, 1,000 livres ; à l'hôpital général des pauvres enfans, 400 livres.

Le surplus de ses biens échut à madame Marie Henriette Achard Déjournard Delige, veuve de M. le comte de Bourzac, sa belle-sœur « Et veut ledit seigneur testateur, qu'au cas que ladite dame comtesse de Bourzac, n'aye pas disposé à son décès des deux tableaux en grand qui ont esté donné à mondit seigneur testateur par monseigneur le Dauphin et madame le Dauphine, que ces dits tableaux appartiennent à monsieur le comte de Bourzac son fils et après luy son fils aîné pour rester dans le château de Bourzac. »

21 Janvier.

1794. — Le Conseil du district de Noyon décide que « l'arche et les lettres de la constitu- tion seront placées dans la coupole du mal- tre-autel de la cathédrale à la place de la « Vierge. »

22 Janvier.

1543. — Le maieur de Noyon annonce à la chambre qu'il a « recu lettres de monseigneur « de Humières par lesquelles le dit seigneur « mande à messieurs de la ville qu'il a reçu « lettres de monseigneur de Vendosme lequel « luy mande qu'il a pleu à dieu de donne. ung « beau filz à madame la daulphine et quil eust « à advertir les villes de par deça afin quils « en fasent les feux de joie et tirer toute lartil- « lerie. »

1831. — Ordonnance royale nommant mem- bres du conseil général de l'Oise, MM. La- louette, maire de Noyon, Oberkamp, député, maire de Guiscard. Poitevin, manufacturier, maire de Tracy-le-Mont.

1871. — Le maire de Salency et M. de De- vise qui avaient été emmenés à Chantilly avec des ôtages de Compiègne, sont mis en liberté, à la condition de payer deux mille francs de rançon.

23 Janvier.

1405. — Supplique présenté au maire et aux jurés de Noyon par Jean, chevaucheur du Dau- phin, qui dans une chevauchée, avait été dé- troussé et démonté. Il demande un secours à la municipalité qui lui accorde seize sols dix deniers pour dédommager le suppléant de la perte de son cheval.

1502. — Charles de Hangest ayant reçu ses lettres confirmant son élection d'évêque de Noyon, est mis en possession du siège épiscopal dans la personne de Guillaume de Bainard, son procureur.

1766. — L'évêque de Noyon, Jean-François de la Cropte de Bourzac, à son retour de Chauny, ou il était allé visiter des ecclésiastiques en détention, est atteint d'une fluxion de poitrine dont il meurt. Il était abbé commandataire de l'abbaye du Mont-Saint-Quentin près de Péronne. Le prélat fut inhumé dans la cathédrale, sous une dalle en marche sur laquelle est une épitaphe due au célèbre Gresset; on y voyait ses armoiries: *d'azur à la bande d'or accompagnée de deux fleurs de lys d'or, une en chef et l'autre en pointe* son portrait se trouve dans la sacristie de la cathédrale.

1794. — Les noyonnais dont les noms suivent sont arrêtés et conduits au château de Chantilly.

Bonaventure Thomas Sézille, transféré à Liancourt le 7 thermidor.

Charles-Henri-Théodore Taconnet, tansféré à Nointel, le 9 thermidor.

Charles-François-Denis Demory, transféré à Liancourt le 7 thermidor.

Charles-François-Marie-Margerin Bocquet, transféré à Nointel le 9 thermidor.

Charles-Philippe-Valentin Dauthuilles, de Dives, mis en liberté le 10 floréal.

Louis-Eloy-Pierre Lemanier père transféré à Argenlieu le 9 thermidor.

1828. — Ordonnance royale qui réunit la commune de Beaurains à celle de Genvry. Mais le 27 juillet 1832, une autre ordonnance rend Beaurains commune indépendante.

24 Janvier.

1785. — Procès entre divers laboureurs d'Orvillers, le lieutenant général du bailliage de Saint-Quentin et les chanoines de Noyon seigneurs en partie d'Orvillers sur le droit de faucher le blé et sur le chaume que l'on doit laisser au seigneur pour conserver le gibier.

1788. — Testament de Leborgne, chanoine de la cathédrale de Noyon.

A son testament, il joignit le billet suivant :

« A Monsieur Reneufve, chanoine de Noyon.
« J'ai l'honneur de souhaiter le bonjour à mon-
« sieur Reneufve et le prie instamment de vou-
« loir bien me pardonner les torts que j'ai en-
« vers lui ; car je ne puis supposer qu'il n'en
« existe pas après la rigueur qu'il me tient de-
« puis deux ans. Pour moy je déclare que je ne
« lui en veux en aucune manière et je suis et
« serai jusqu'à mon dernier soupir son très-
« humble serviteur et pour lui prouver mon
« sincère dévouement, je le prie de vouloir ac-
« cepter mon huilier d'argent que je lui donne
« par ce présent codicile en approuvant ces dif-
« férents testaments codiciles que je puis avoir
« fait. Je le supplie de vouloir bien se souvenir
« de moi dans ses prières et lui proteste que je
« serai toujours son très-humble serviteur.

« Noyon ce 4 janvier 1788.

« Le Borgne. »

25 Janvier.

1496. — Epidémie meurtrière qui pendant
trois années, décime la population de Noyon et
des environs.

1871. — Des hussards de la mort arrivent à
Noyon, venant de Nesle, réquisitionnent des
cuirs et des draps qu'on leur fournit. En retournant ils volent un cheval à Porquéricourt ;
c'étaient des maraudeurs.

26 Janvier.

1502. — L'évêque de Noyon, Charles de Hangest, prête serment comme pair de France, devant la cour du Parlement.

1713. — Arrêt du Conseil d'Etat concernant
la préséance des compagnies d'arquebusiers de
Noyon et la milice bourgeoise de la ville ; l'arrêt décide que les arquebusiers étant d'une
institution plus ancienne, auront le pas sur les
milices et quelles seront séparées dans les cérémonies par distance d'un pas.

27 Janvier.

1208. — Bulle du pape Innocent III ordonnant à l'évêque de Noyon, au doyen d'Arras et
à l'abbé du Mont-Saint-Quentin près Péronne,
de régler un différend existant entre un moine
et l'abbé de Saint-Nicolas-des-Prés de Ribemont.

1562. — Jacques III de Grouchet, seigneur de Genvry, fournit l'aveu de sa seigneurie au roi de Navarre, seigneur de la chatellenie de Ham.

28 Janvier.

1483. — D'après l'usage, l'évêque de Noyon donne, la veille de Saint-Nicolas, du vin aux officiers de la ville.

1484. — Par un acte passé devant Me Simon du Bois, notaire à Noyon, la seigneurie de Béthancourt est attribuée à Hugues du Bois, fils du seigneur de Bailly.

1702. — Requête prézentée au roi par l'évêque de Noyon, Claude d'Aubigné, contre les prétentions du chapitre de la collégiale de St-Quentin.

1858. — Mort à Noyon de M. Bataille, ancien juge de paix de Ribécourt, et membre du comité archéologique de Noyon.

29 Janvier.

1505. — Un service funèbre a lieu dans la cathédrale de Noyon pour le feu roi Louis XII ; le corps de ville assiste à la cérémonie, comme il l'avait fait pour le service de la reine.

1579. — L'évêque de Noyon, Claude d'Angennes de Rambouillet, écrit a l'échevinage pour le prévenir qu'il fera son entrée dans sa ville épiscopale, le 8 février suivant.

1761. — Nomination de Théodore Letonnelier de Breteuil, comme abbé commandataire de l'abbaye St-Eloi de Noyon; il en prit possession le 3 avril suivant.

30 Janvier.

1461. — Pierre Charmolue, chanoine de Noyon, et fils de Jacques, docteur en médecine, fournit à l'abbaye Saint-Corneille de Compiègne, le dénombrement du fief du bois de Lihu, comme un des huit barons à verge de l'abbé de Compiègne.

1868. — Desmarest, seigneur de Beaurains, et de la Motte est assassiné près de la role Saint-Martin.

1810. — Arrivée à Noyon de nombreux prisonniers autrichiens; ils sont bien accueillis par les habitants, le maire Colin de la Brunerie, leur fait distribuer des secours. Ils sont employés aux travaux du canal de Saint-Quentin.

31 Janvier.

1430. — Les habitants de Noyon envoient des secours à ceux du Pont-l'Evêque; les troupes royales venant de Compiègne menacent d'incendier le village.

1514. — Le roi François Ier à son retour du sacre arrive à Noyon, il est reçu en grande cérémonie au portail de la cathédrale par l'évêque entouré des chanoines.

1594. — Résolution du chapitre de Noyon qui ordonne des processions et des sermons pour exciter le peuple contre Henri de Bourbon, roi de Navarre. C'est ainsi qu'Henri IV était qualifié pendant les deux années que la ville fut au pouvoir de la Ligue.

1695. — Décès du frère Sébastien Sicler, ermite de Larbroye, âgé de soixante-seize ans; il fut inhumé dans le cimetière des chartreux du Mont-Renand du consentement des habitants de Larbroye qui voulaient l'enterrer dans leur église.

1784. — Décès de Louise d'Estourmel, dame de Flavy-le-Martel, laissant la terre de Genvry à Catherine Louise de Samoignon, veuve de Louis-Auguste d'Estourmel, marquis du Frétoy.

1841. — Ordonnance royale réglant dans Babœuf la traverse de la route n° 38, de Noyon à La Fère.

1er Février.

1324. — Philippe de Valois, étant à Noyon, ordonne au mayeur de faire construire un beffroi. Les pierres furent tirées des carrières de Mont Saint-Siméon et de Larbroye.

1777. — Mise en vente d'un office de conseiller du roi, greffier en chef de l'élection de Noyon, composée de cent trente paroisses et de plusieurs villes, aux gages de 335 livres, portant exemption de taille, logement des gens de guerre, guet, garde, tutelle et curatelle. S'adresser à M. Sérille de Montarlet.

1835. — Le sieur Poiret, âgé de vingt-cinq ans, demeurant à Bretigny, près de Noyon, est tué par un moulin au moment où il voulait en arrêter les ailes.

1867. — Décret impérial approuvant la vente faite par la ville de Noyon à l'évêque du diocèse, de son droit de propriété sur les bâtiments du séminaire.

1871. — Les habitants de Noyon apprennent officiellement la capitulation de Paris après quatre mois et onze jours de siège. M. Berlancourt est le premier voyageur sortant de la capitale qui arrive à Noyon.

2 Février.

1577. — Assemblée de ville tenue à Noyon dans laquelle un conseiller du roi, appelé de Lesche, présenta à la signature des habitants, la formule de la Ligue que signèrent le maire et les échevins. Mathème Parvillers, chanoine, au nom du chapitre la signa le lendemain.

1791. — Un ouragan violent se déchaine sur la commune de Cuts et cause de grands dégats à l'église et aux maisons particulières. La flèche du clocher de Camelin est renversée par la tempête.

1794. — Les administrateurs du directoire du district de Noyon demandent aux officiers municipaux l'indication des biens que possédait Lebrun Tondu, ancien ministre des affaires étrangères, exécuté le 28 décembre 93.

3 Février.

1552. — Privilège accordé par le roi à Tesco-Macio, gentilhomme italien de pouvoir, pendant dix ans, fabriquer dans le royaume, des verres, miroirs, et autres espèces de verrerie à la façon de Venise. Cet industriel était natif de Boulogne-la-Grasse.

1561. — Laurent de Normandie, lieutenant civil pour à Noyon le roi et Lancelot de Montigny, qui avaient été condamnés à mort par le Parlement de Paris et brulés en effigie pour fait de huguenotisme (ils avaient suivi Calvin dans sa retraite à Genève) rentrent à Noyon et se retirent chez Louis Chastellain, lieutenant du bailly de Vermandois. Les Noyonnais assiègent la maison de Chastellain et veulent brûler *réellement* les deux calvinistes ; le maire parvient à disperser la foule en déclarant qu'il va requérir des officiers royaux l'arrestation immédiate de Laurent de Normandie et de Montigny. Mais les officiers royaux, tous adhérents à la nouvelle religion ne bougèrent pas et les deux calvinistes durent fuir la nuit sous un déguisement.

1695. — Arrêt du conseil d'Etat qui réunit à l'hôpital général de Noyon les biens de la maladrerie de Chiry, dite *maison de Saint-Lazare*.

1718. — Marie Le Brun, supérieure des Ursulines de Noyon, achète de François Wable de Nesle, huit pièces de terres sises à Rouy-le-Grand (Somme).

4 Février.

1511. — Lettres du roi adressées à l'évêque de Noyon l'invitant à se rendre à Lyon avec un député du clergé, pour assister à l'assemblée qui devait avoir lieu, concernant les affaires du royaume.

1577. — Jean de Hangest de Genlis, évêque de Noyon, meurt à Paris, au collège d'Ainville. Il lègue sa bibliothèque au chapitre des chanoines de Noyon et cent écus d'or à la fabrique de la cathédrale.

1595. — Les sieurs de la Chapelle et de la Bastille se présentent au chapitre de la cathédrale de Noyon pour exposer la nécessité de désintéresser le gouverneur d'Escluseau de la somme de quatre mille écus d'or qu'il réclamait pour lui et ses soldats. Le chapitre consent à payer la sixième partie de cette somme.

1595. — La ville de Noyon est prise par Henri IV. Cet heureux évènement est fêté par un *Te Deum*, chanté dans la cathédrale « toute enjolivée de blasons, festons et pannonceaux à « la royale. »

1633. — Le chapitre de Noyon donne aux Ursulines saisine d'une grange, jardin et pourpris acquis rue de l'Ange, grâce aux libéralités de la famille Saint-Massens de Noyon.

5 Février.

1595. — La ville de Noyon étant rentrée sous l'obéissance du roi, un *Te Deum* est chanté dans la cathédrale en actions de grâce, avec le psaume *Exaudiat* et l'oraison pour le monarque, dont les armoiries furent replacées aux lieux accoutumés.

1614. — Décès de Charles Lemoisne, receveur du bourg de Ressons, il lègue à la fabriques de l'église Saint-Nicolas, vingt-cinq livres pour un obit solennel et annuel. Une inscription placée dans le côté nord de l'église rappelle cette obligation aux marguilliers.

1679. — A l'occasion de la paix de Nimègue, qui causa dans toute la France une si grande allégresse, il y eût à Noyon des fêtes magnifique auxquelles les dames de la ville prirent une part active. Tout ce qu'il y avait de belles personnes dans la ville s'assembla avec la bandoulière sur le corps et le pistolet à la main, le capitaine en tête et le drapeau déployé au milieu des rangs des amazones. C'était un charmant coup d'œil.

1699. — Sentence du bailliage de Noyon ordonnant l'enregistrement d'un arrêt du Parlement qui confirme l'établissement des Ursulines à Noyon.

1816. — Banquet donné par les officiers de la garde royale aux gardes du corps en garnison à Noyon. Des couplets furent chantés et eurent les honneurs de l'impression.

6 Février.

1419. — L'échevinage de Noyon fait défense aux habitants de porter dans la ville des armes ou des bâtons ferrés.

1778. — Lettres patentes du roi, ajoutant Chauny à l'état des villes du ressort du Parlement de Paris, où il a été établi des jurandes. La ville de Noyon avait été comprise dans le tableau.

1884. — Un incendie immense se déclare à neuf heures du soir, dans une grange d'épendant de la ferme d'Hausseu, commune d'Amy. Un bâtiment de quatre-vingt-quinze mètres de longueur, renfermant quarante mille gerbes de blé et autres récoltes, a été consumée. On a heureusement réussi à préserver la maison d'habitation et le corps de ferme. Il n'y a pas eu d'accidents de personnes à déplorer.

7 Février.

1443. — Jean, châtelain de Noyon et de Thourotte, à l'occasion du mariage de sa fille Marie, avec Jean de Rethel, garantit jusqu'à concurrence deux revenus de quatre cents livres tournois, le domaine que Marie possédait de son premier époux, Jean de la Tournelle.

1492. — Guillaume de Marafin, évêque de Noyon, achète à Hugues du Bois, seigneur de Béthancourt, la seigneurie de Bailly, moyennant mille cinquante livres. Marie de Folleville, femme de Hugues, donne son consentement à cette vente.

1770. — Un ouragan impétueux se déchaîne sur les communes du soissonnais et du noyonnais ; il est tellement violent qu'il déracine trente-deux arpents de bois dans la forêt de Villers-Cotterêts. On estime le bois abattu dans la forêt de Compiègne à vingt-cinq mille cordes.

1793. — La municipalité de Noyon prend un arrêté concernant la descente et le brisement des cloches de la cathédrale, des églises et des maisons religieuses de la ville. Le poids total des cloches brisées dépassa cent cinquante-six mille livres. Il fut en outre envoyé à la Convention onze mille livres de cuivre, quatre cent quatre-vingt-dix sept livres d'étain et cent trente-cinq mille cinq cent soixante quatre livres de plomb.

8 Février.

1481. — Cessation du froid qui durait depuis le lendemain de Noël ; les vignes furent gelées. La famine jointe à l'hiver causa une grande mortalité. « On ne voyait partout que l'ombre et pâleur de la mort. »

1579. — Claude d'Argennes, nommé évêque de Noyon l'année précédente, fait son entrée dans la ville épiscopale. La plus grande partie du clergé et de la noblesse le devança à Ourscamp où, suivant l'usage, il était allé coucher la veille. Il était accompagné de M. de Rambouillet, capitaine des gardes du roi, des seigneurs de Maucourt, de Quesmy, gouverneur de Noyon, de Salency, de Beaurains, de Buchy et d'une foule de grands personnages. La bourgeoisie était sous les armes ; le mayeur Jehan Lefébure était à la tête de l'échevinage ; Jehan Amille, avocat de la ville harangua le prélat.

Arrivé à la porte de l'église Sainte Godeberthe, l'évêque descendit de sa mule et après s'être revêtu de ses habits épiscopaux, il s'achemina vers la *porte Cartel* où il fut harangué par le doyen du chapitre.

« Sa réputation de bonté et d'aménité l'avait « déjà précédé à Noyon. »

1638. — Décès de Jacques Le Vasseur, doyen et official du chapitre de Noyon. Il fut inhumé dans la chapelle de Saint-Thomas, par l'évêque de Baradat, en présence de tout le clergé et d'un concours prodigieux d'habitants. Il était natif de Vismes (Somme) et publia plusieurs ouvrages, entrautres: *les annales de l'église de Noyon, le Cri de l'Aigle* et autres ouvrages. Jacques était âgé de soixante-six ans, un mois dix-sept jours. Sa pierre tombale qui porte une longue inscription latine se voit encore dans la cathédrale.

1791. — Décès de François Louis le comte de Nomant de Rarey, officier de gendarmerie et mestre de camp de cavalerie. Il fut inhumé dans le chœur de l'ancienne église de Ribé-court, vis-à-vis de l'autel.

1871. — Des élections ont lieu pour des dé-putés; les communes du canton votent à Noyon. Les électeurs de Salency arrivent tam-bour battant drapeau déployé, ayant à leur tête le maire et le curé. Des cris de : vive la France! retentissaient sur la place. Le lendemain le maire et M. de Devize de Salency sont enlevés par cinquante uhlans et conduits à Compiègne; ils sont rendus à la liberté le 12 en payant qua-tre mille francs.

9 Février.

1557. — Henri II transfère à Compiègne le siège de la prévôté de Thourotte, et statue, qu'à l'avenir, les officiers de prévôt forain et de prévôt de Thourotte, seront distincts.

1594. — Les habitants de Noyon zélés li-gueurs reçoivent une lettre du sieur de Rosne leur mandant que Bourbon de Navarre (Henri IV) avait pris la fuite. Cette fausse nouvelle fût annoncée dans les églises au sermon du matin, et le lendemain un *Te Deum* fut chanté en ac-tion de grâces.

1794. — Les frères de la doctrine chrétienne de Noyon sont traduits devant la barre de l'as-semblée nationale; ils refusent ouvertement d'accéder aux demandes qui leur sont faites. Le directeur F. Aubert avait pris la fuite.

1794. — L'administration du district de Noyon, et les membres de la société populaire, font comparaître devant eux les « instituteurs des petites écoles » et leur exposent les plaintes formulées contre eux « de ce qu'ils « n'amenaient pas leurs enfants au temple de la « Raison, les jours de décade et de temps en « temps à la société populaire avec quelques-« uns de leurs enfants *pour y réciter les droits « de l'homme et des articles de la constitution,* « et après leur *avoir fait sentir* la nécessité « d'élever les enfants dans les principes répu-« blicains conformément à la loi ».

Les instituteurs « ont promis de se confor-« mer en tout aux vues de la société populaire « qui sont en même temps celles de la munici-« palité ».

1878. — Mort de l'abbé Clément Lefebvre, curé doyen d'attichy. Il était âgé de soixante-dix-neuf ans, et natif d'Ebeillaux, dépendance de Breteuil.

10 Février.

1543. — Décès de messire Claude d'Humières, chevalier, seigneur de Lassigny, Campagne et autres lieux. Il fut inhumé dans la chapelle de la Vierge de l'église de Lassigny sous une dalle qui représente un chevalier armé ayant à côté de lui son casque et ses armoiries *d'argent frotté de sable.*

1771. — Mise en vente d'une lettre de maître perruquier en la ville de Noyon. On donnera aux acquéreurs toutes facilités.

S'adresser à Touriet, tisserand, *rue du Tripot d'enfer.*

1859. — Le conseil municipal de Noyon vote une somme de vingt-cinq mille francs pour la construction de l'école des Frères, à la condition que les Frères donneront aux enfants de de la classe ouvrière de la ville, l'instruction primaire, gratuite.

11 Février.

1611. — La seigneurie d'Avricourt est adjugée à Louis Cornet et à Antoine Cornet, écuyer, seigneur de Saint-Georges-les-Roye.

1790. — Décret de l'Assemblée nationale portant que la ville de Noyon et les faubourgs de Landrimont, le Coisel, Happlincourt, Tarlefesse, etc., ne formeront, comme par le passé, qu'une seule municipalité.

12 Février.

1478. — Le chapitre de Noyon permet à quelques chapelains et chanoines de se joindre à des bourgeois de la ville pour représenter le *mystère de la Passion*, et leur fait donner l'argent nécessaire pour bâtir un théâtre.

1547. — Guy des Marets, guidon des hommes d'armes de la garde du roi, épouse Françoise d'Aunay qui lui apporte en dot la seigneurie de Baurains. Il possédait aussi les terres du Plessis-Saint-Nicaise et de La Motte. Ses armes étaient : *de gueules à la demi-croix d'argent surmontant un chevron de même.*

1789. — M° Sézille, lieutenant général du bailliage de Noyon, réclame auprès du roi la députation directe pour le bailliage, mais sans succès.

1794. — Etat des biens de Lebrun Tondu, de Noyon, ancien ministre des affaires étrangères, qui constate qu'il possédait des terres à Bailly, des propriétés à Lagny, Lassigny, Crépigny et une maison située à Noyon rue de Paris, tenant au rempart.

13 Février.

1228. — Mort de Nicolas de Roye, évêque de Noyon, élu en 1228. Il assista à plusieurs conciles, notamment à celui de Noyon. Ce prélat eut souvent des démêlés avec le chapitre de la Collégiale Saint-Furcy de Péronne, au sujet de la juridiction. C'est sous son épiscopat qu'un incendie détruisit une partie de la ville de Noyon, à l'exception des églises (1238). C'était le troisième depuis le commencement du siècle. L'évêque de Noyon mourut à Paris et fut inhumé dans l'église de l'abbaye de Longpont sous une tombe portant une épitaphe latine et les armoiries du défunt : *échiqueté d'or et de gueules, au chef d'argent fretté d'azur.*

1446. — Guillaume Bouillé, docteur en théologie est élu doyen du chapitre de Noyon. Il fut aussi doyen de la Collégiale de Roye l'année suivante. Il assista à la révision du procès de Jeanne d'Arc et prononça le discours d'ouverture. Il mourut en 1478.

1781. — Les Ursulines achètent à Antoine Cochoy, ancien curé de Sermaize, un titre de quatre-vingt livres de rente, sur le clergé de France.

1871. — Quarante-deux lanciers saxons arrivent à Noyon et remettent à la mairie une réquisition ainsi conçue : « Par ordre supérieur « du commandant la 12ᵉ division militaire, le « comte Lippe, la ville de Noyon est tenue de « livrer une contribution à la hauteur de trois « mille francs. Claireix 13 février, signé *de Gangling*, aide de camp du général. »

La somme leur fut remise et ils partirent aux après avoir fait un déjeuner frais de la ville.

14 *Février.*

1415. — Germain, évêque de Laçon, neveu de Philippe Desmoulins, ancien évêque de Noyon, écrit aux « maire, jurés, bourgeois, manants et habitants de la ville et cité de Noyon » pour les prier de demander au pape sa nomination à l'évêché de cette ville.

1473. — Mort de Jean de Mailly, évêque et comte de Noyon, qui lègue au chapitre une bible manuscrite sur vélin « qui valait son pe- « sant d'or, tant elle était excellente en tout ». Son corps fut ramené de Paris et inhumé dans le chœur de la cathédrale sous une tombe portant une épitaphe latine et ses armoiries d'or à *trois maillets surmonté d'un lambel accompagné en abîme d'une clef posée en pal.* Ce prélat fut un des juges qui condamnèrent Jeanne d'Arc, il était alors conseiller du roi d'Angleterre, rentré en grâce auprès de Charles VII, il assista à la révision du procès de la pucelle.

1651. — Ordonnance royale constatant la détresse générale, rendue par Anne d'Autriche, à la sollicitation de Vincent de Paul qui avait visité les villes de Noyon et de Chauny, et apporté des secours aux pestiférés et aux indigents.

1672. — Décès de Félix David, natif d'Ham court, curé de Vandélicourt. Il fut inhumé dans la nef de son église, près du chœur.

15 *Février.*

1422. — Sur la demande du régent de France, la ville de Noyon lui envoie vingt arbalétriers pour l'aider à recouvrer Compiègne tombée entre les mains des Anglais commandée par le duc de Bedfort. Guillaume de Gamaches, gouverneur, avait signé la capitulation.

1577. — Le chapitre de Noyon, nomme évêque Antoine Bouchelé, natif d'Onvillers, fils d'un menuisier ; il fut d'abord instituteur à Ressons. Mais cette élection ne fut pas confirmée par le roi qui nomma Claude d'Angennes.

1557. — Le duc de Guise écrit à la municipalité noyonnaise pour l'avertir que le roi a confié au capitaine Soleil la charge de gouverneur de la ville en l'absence de M. Rubeinpre, commandant en titre, lequel était allé faire un voyage chez lui pour pourvoir à ses affaires.

1628. — Des religieuses Ursulines venant de Montdidier, arrivent à Noyon, sous la conduite de la mère Marie de Saint-François, elles sont reçues par M. Gilles de Beny, chanoine, au nom de l'évêque Henri de Baradat. Cet établissement fut autorisé par lettres patentes au mois de mars suivant.

1701. — Mort de François de Clermont-Tonnerre, évêque de Noyon, membre de l'académie française. Cet évêque voulait qu'un chanoine de la cathédrale lui portât la queue dans les cérémonies ; le chapitre protesta contre ces prétentions nouvelles ; il y eut procès « Fourcroy, avocat des chanoines, disait que la « queue de M. de Noyon était une comète dont « la maligne influence allait se répandre sur « toute l'église gallicane, si l'on n'y apportait « un prompt remède. »
Son portrait se trouve dans la sacristie de la cathédrale.

1771. — Un service solennel est célébré à Clermont pour le repos de l'âme de l'abbé Nollet de Pimprez qui avait légué aux pauvres de l'hôpital de cette ville une somme de mille livres.

1793. — Marie-Antoine Parizot de Noyon pèse le cuivre qui devait être envoyé à Amiens et fondu en canon ; parmi les débris se trouvait une statue de Charles de Balzac, évêque de Noyon.

16 Février.

1435. — L'échevinage de Noyon, décide que l'on montera la garde sur le marché jusqu'à la mi-mars, et que douze habitants armés seront de faction chaque nuit.

1529. — Lettres de terrier obtenues en la chancellerie de Paris par messire Claude de

Hacqueville, conseiller du roi, maître ordinaire
de la Chambre des comptes, seigneur d'Avricourt, Audechy et autres lieux.

1686. — Denise de Lattre, supérieure des Ursulines de Noyon, achète à M° François Le
Duc, avocat à Noyon, douze journaux de terre
sis à Erchou; elle est mise en possession par le
lieutenant de la seigneurie et chatellenie d'Erchou pairie de France.

1789. — Réunion à Noyon de plusieurs membres des trois ordres pour rédiger une pétition
adressée à la fois au garde des sceaux et au directeur général des finances, demandant pour
le bailliage de Noyon, la députation directe se
fondant sur la convocation des états-généraux
à Blois, en 1651. La demande fut rejetée.

1793. — Les religieuses de la Visitation de
Compiègne, chassées de cette ville, font, auprès du district noyonnais, leur déclaration de
domicile.

1827. — Une ordonnance royale érige en succursale la commune de Cuy, et réunit la commune d'Evricourt à la succursale de Cuy.

1839. — Par son testament, madame Marge-
rin-Dubouloir fonde deux lits dans l'hospice de
Noyon, ce qui porte à vingt-deux le nombre de
lits. Six sont destinés aux malades des communes d'Appilly, Babœuf, Morlincourt, Mondescourt, Pontoise et Varesne.

1871. — Quarante dragons venant de Compiègne présentent au maire de Noyon, la réquisition suivante : « Par ordre du gouvernement
« de Versailles, le général commandant à
« Compiègne requière la ville de Noyon, de
« payer d'ici à demain soir la somme de 200
« mille francs. Si cette somme n'est pas payée
« dans le délai fixé, on prendra des otages et
« on enlèvera des valeurs. Un à-compte est en-
« voyé à Beauvais. »

17 Février.

1633. — Le roi Louis XIII impose une taxe
de cinq mille cinq cent vingt-deux livres sur
tous les contribuables aux tailles de l'élection
de Noyon, pour rembourser les étapes dues à
la ville de Chauny.

1717. — Mort d'Antoine Galland, savant
orientaliste, natif de Rollot (Somme), élève du

collège de Noyon où il fut instruit par les soins et aux frais d'un chanoine de la cathédrale de cette ville.

1744. — Mort du prêtre Claude Gosse, curé de Saint-Martin de Noyon, fondateur des écoles de charité. On lui fit des funérailles solennelles présidées par l'évêque. Son corps fut inhumé dans le cimetière Saint-Martin qui occupait l'emplacement actuel de la maison de Mme Aude-bert.

1771. — Messire Dumont, chanoine de Noyon, prêche, avec une éloquence édifiante, le carême, dans la cathédrale d'Amiens.

18 Février.

1711. — Décès de Louis-Charles de Monguit, chevalier, seigneur de Cambronne, la Motte fief du Saussoy, etc. Il avait épousé Catherine Aubé, fille de Louis Aubé seigneur de Bracque-mont, capitaine d'infanterie.

1756. — Entre sept et huit heures du matin, on ressent dans le noyonnais les secousses d'un tremblement de terre. Le temps était à la pluie et un vent d'Ouest soufflait La cloche de l'hôtel de ville de La Fère sonna d'elle-même plusieurs coups.

1776. — Naissance au moulin de Bosmont, commune de Golancourt, de Pierre-François Beaumont, fils de Jean-Pierre Carrière, garde moulin et de Françoise Brohon. Il partit jeune pour l'armée; par sa bravoure, il avança rapidement et fut nommé général de brigade, après la bataille d'Austerlitz; puis créé baron de l'Empire. Il se retira ensuite à Ham.

1794. — La société populaire et républicaine de Noyon, adresse des instructions à ses frères les habitants de Compiègne.

19 Février.

1194. — Lettres d'Estienne, évêque de Noyon, qui pour peupler le village d'Erchou, assigne un manoir de vingt-cinq verges à chacun des habitants qui voudrait s'y établir, moyennant un cens annuel. Ils seront exempts de la taille, du service militaire, excepté pour la défense de la terre épiscopale. Enfin il leur accordait le droit de commune, d'élire un maire et des échevins.

1768. — Inventaire du mobilier de l'église paroissiale de Sainte-Godeberte de Noyon, fait par les marguillers en charge.

1777. — François-Joseph de la Rochefoucauld, évêque de Beauvais, pair de France, reconnaît l'authenticité de la relique de la vraie croix donnée à l'église d'Orvillers, par frère Louis Le Fèvre, religieux capucin, demeurant à Paris, et né à Orvillers le 1er mai 1743.

20 Février.

1357. — Les trois Etats de Picardie se réunissent à Noyon pour consentir à une aide, afin de résister aux ennemis du royaume.

1828. — Ordonnance royale qui réunit la commune de Bussy à celle de Sermaize et celle de Dominois à Salency.

1840. — Adjudication des travaux de construction de la route départementale de Noyon à Chauny, entre Guiscard et Libermont sur une longueur de sept kilomètres.

21 Février.

1366. — Oudard de Jausi, receveur des aides pour la rançon du roi Jean dans le diocèse de Noyon, met en adjudication le recouvrement des impositions de la ville de Ham.

1551. — Arrêt du parlement qui adjuge la seigneurie de Dives, avec la terre de Cuy, à Jean Bertrand, garde des sceaux, et cardinal de Toulouse.

1794. — Sur la demande du général Charcutat, la municipalité met à sa disposition le temple de la Raison (la cathédrale) pour y loger huit cents chevaux.

Plus tard, le conseil du district autorisa un cabaretier à faire danser dans le chœur même de l'église.

22 Février.

1803. — Arrêté enlevant au canton de Ribécourt la commune de Ville, pour l'attribuer à celui de Lassigny ; puis les villages de Cuts et Caisnes pour les réunir au canton de Noyon.

1802. — La commune d'Elincourt-Ste-Marguerite est détachée du canton de Ressons pour faire partie de celui de Lassigny.

1802. — Arrêté qui modifie la circonscription du canton de Noyon. Les communes d'Appilly, Grandru, Babœuf, Beaurains, Mondescourt, sont incorporées dans le canton de Guiscard.

23 Février.

1294. — L'évêque de Noyon Guy des Prés vend à son chapitre tout ce qui lui appartenait dans la forêt de Laigue pour payer au Roi le prix de la chatellenie de Noyon.

1603. — Lettres patentes de Henri IV ordonnant aux religieux de Saint-Eloi de rentrer dans les bâtiments de leur ancienne abbaye, détruite en partie pour en faire une citadelle.

1657. — Lettres patentes de Louis XIV portant confirmation et relief de surannation pour l'enregistrement des lettres de Louis XIII, érigeant en marquisat la terre de Varesnes.

1716. — Emmanuel des Marets de Beaurains, chevalier de Saint-Louis, épouse une demoiselle de Richouffz.

24 Février.

1241. — Décès de Mathieu, prieur d'Elincourt-Ste-Marguerite; en 1225, il était abbé de Breteuil.

1658. — La fonte des neiges cause dans la vallée de l'Oise, une inondation qui envahit les maisons de Pontoise. Une date inscrite sur les murs de l'église de cette commune, signale un grand débordement en 1726.

1740 — Décès de François de Chateauneuf de Rochebrune, archevêque de Lyon et ancien évêque de Noyon. Il avait, en 1722, assisté au sacre du roi comme comte et pair de France.

1792. — Lettre datée de Compiègne concernant les accaparements de blé à l'abbaye d'Ourscamp, adressée au marquis de Gouy d'Arsy, alors général des gardes nationales, par un officier de son état-major qui suivait l'expédition dirigée sur Ourscamp, par le général Westinghoff et partie d'Amiens depuis la veille.

25 Février.

1473. — Pierre Funde, commissaire du roi, fait défense au chapitre de Noyon de procéder à l'élection d'un nouvel évêque, en remplacement de Jean de Mailly.

1711. — Antoine Gosse, d'une famille de cultivateurs de Suzoy, lègue aux pauvres de sa commune deux hectares 30 ares de terres.

1790. — Inventaire du mobilier et des ornements de la cathédrale de Noyon dressé par le secrétaire de la municipalité, en présence de MM. Richoufiz et Galet, chanoines de l'église Notre-Dame. La chasse dans laquelle était enfermé le chef de Sainte-Godeberte était en vermeil et portait, une petite croix de diamant.

1848. — Inauguration du chemin de fer de Noyon, en présence de Louis Bonaparte, président de la République. La bénédiction de la voie eut lieu par l'évêque de Beauvais qui prononça un discours suivi d'un autre par le préfet de l'Oise. Le président passa la revue des gardes nationales, tandis que grondait le canon, un banquet de trois cents couverts réunit les invités à l'Hôtel de Ville, richement décoré pour la circonstance.

1860. — Bénédiction de la chapelle de l'école des Frères de Noyon, par l'évêque de Beauvais. Cette chapelle fut édifiée par la générosité de quelques personnes de Noyon. Une plaque commémorative a été placée dans cette chapelle le 25 octobre 1881 par le frère directeur, Aimable.

26 février.

1351. — Le tiers-état de la Picardie, se réunit à Noyon, par ordre du roi, pour voter une imposition de six deniers pour livre.

1470. — Louis XI étant à Noyon, fait don au connétable de Saint-Pol des terres et seigneuries de Péronne, Montdidier et Roye.

1745. — L'échevinage de Noyon se rend à l'abbaye d'Ourscamp, pour présenter ses hommages au duc de Gèvres, gouverneur de Noyon, qui prend jour pour faire son entrée dans la ville.

1814. — Les troupes prussiennes de l'armée des alliés entrent dans Noyon, sans coup férir.

27 février.

1539. — Le roi François Ier s'arrête dans la ville de Noyon. L'échevinage lui fait une brillante réception. Pendant son séjour le roi rend plusieurs ordonnances qui sont datées de Noyon.

1594. — Sacre de Henri IV à Chartres ; il était accompagné de six cents gentilshommes, parmi lesquels était Sébastien des Acres ; il avait épousé Marie d'Aubray, fille du seigneur et baron de Laigle.

1793. — La municipalité dresse un « état de « l'argenterie qui reste à la paroisse Notre-« Dame de Noyon, d'après deux fois qu'il en a « été ôté pour être envoyé à la monnoye à « Paris. »

On voit figurer dans cet état une foule d'objets de valeur, notamment une petite chasse de saint Martin, une chasse de sainte Godeberthe, deux petits anges, deux reliquaires, deux aiguières, une grande chasse de saint Eloi, une chasse de saint Médard, le chef de sainte Godeberthe, une chasse de saint Maurice.

Tous ces chefs d'œuvre d'orfévrerie furent stupidement brisés et envoyés à la Monnaie.

28 février.

1439. — Les habitants de Noyon sont dans des angoisses continuelles, à cause de la présence des ennemis à Libons en Santerre. « Cette ville est comme le gouffre entre deux fers, dit Jacques Levasseur. »

1477. — Baude de Halloy, seigneur de Bains, de Godainvillers et de Conchy, fonde dans l'église de Notre-Dame, plusieurs services pour lesquels il laisse six cents livres tournois.

1550. — Florent Parmentier, doyen du Chapitre de Noyon, meurt à Chauny ; il est enterré dans la nef de la cathédrale. Avant de descendre son corps, dans la fosse son oncle Tarbary fit ouvrir le cercueil en disant : *Estvous Florent, je vous veux voir*. Il embrassa la face du mort et on procéda à l'inhumation avec une grande solennité.

1681. — De Clermont-Tonnerre, évêque de Noyon, est nommé conseiller d'Etat du roi, puis commandant de l'ordre du Saint-Esprit, avant d'entrer à l'Académie française.

1er mars.

1557. — Lettre de F. de Montmorency, gouverneur de Compiègne, au capitaine Soleil, de

Noyon, pour l'engager à miner l'abbaye de Saint-Barthélemy, près de la porte Dame-Journe pour la faire sauter à l'approche des ennemis.

1557. — M. de Montmorency écrit au capitaine Solleil, gouverneur de Noyon par intérim, pour lui recommander de rechercher tout le blé et le bétail qui peuvent exister encore dans le plat pays environnant Noyon, et de renfermer ces munitions dans la ville, de façon à ne laisser rien entre la ville et la place, dont ils puissent s'accommoder.

1773. — Assemblée générale des confrères de Notre-Dame des Joies, dans laquelle le curé de Morlincourt, trésorier, rend compte des revenus de la confrérie, qui s'élèvent à neuf cent quarante-trois livres.

1774. — M. Hangard, doyen et vicaire général de Noyon, approuve le détail historique de la concession d'une portion du corps de saint Médard par l'évêque et le chapitre de Dijon aux habitants de Salency et le trouve propre à exciter des sentiments de religion dans le cœur de ceux qui le liront.

2 mars.

1275. — Guy de Porquéricourt, chevalier, partant pour la Terre sainte, vend à l'abbaye d'Ourscamp, du consentement de l'évêque de Noyon, une portion de bois située au terroir de Porquéricourt.

1593. — Le colonel Claude de la Bourlotte tente de surprendre la ville de Noyon, mais il échoue dans son entreprise. Il tenta une nouvelle escalade des murailles, mais les échelles étant trop petites, la garnison repoussa cette seconde tentative.

1819. — Les écoles des Frères de Noyon sont recouvertes ; grâce aux libéralités de M. Lejeune, curé de Noyon ; le conseil municipal, sous la présidence de M. Séille-Canongette, maire, vote une somme de cinq cents francs pour un troisième frère.

3 mars.

1415. — Les maire, jurés et bourgeois de Noyon écrivent au pape pour le supplier de nommer au siège de la ville, en remplacement de Pierre Fernel, décédé, Germain, évêque de Luçon, neveu de Philippe Desmoulins, ancien évêque de Noyon.

1583. — Constatation que Doublet (Eloi), natif de Noyon, a été pendu et étranglé sur la place du marché de La Fère, par sentence du prévôt des maréchaux de Laon, pour plusieurs voleries, larcins, faussetés et autres cas par lui commis.

1644. — Lettres patentes du roi confirmant les chartreux du Mont-Renaud dans la possession de leurs privilèges et de leu   biens.

1690. — Le feu prend au château de Compiègne dans l'appartement occupé par la princesse d'Harcourt. L'incendie fut vivement combattu, les meubles et les vêtements de la princesse furent brûlés.

1763. — Mariage d'Anne Espérance de Chauvelin avec Louis de Laigle, comte de Laigle, chevalier de Malte, guidon de gendarmerie, mestre de camp de cuirassiers qui mourut sur l'échafaud révolutionnaire en 1794.

1791. — Le directoire du district de Noyon prend des mesures contre les prêtres non assermentés.

1828. — Un incendie dévore quatre maisons dans le village de Sempigny.

4 mars.

1343. — Lettres de sauvegarde accordées par Philippe de Valois aux chartreux du Mont-Renaud, près de Noyon.

1462. — Le Chapitre de Noyon charge deux chanoines d'aller en quête dans le royaume et leur confie plusieurs reliquaires entre autres celui contenant le menton de saint Eloi, avec sept de ses dents et une image de la Vierge, d'argent doré, dont la couronne était garnie de perles et de pierreries.

1463. — Le Chapitre de Noyon charge le chanoine Guillaume Clavel et un clerc de parcourir les villes et les campagnes pour recevoir des aumônes. Ils emportent des châsses et des reliquaires contenant des ossements de saint Eloi et de saint Albin.

5 Mars.

1221. — Jean de Béthisy déclare avoir donné aux moines de Corbie le moulin de Venette, en échange de biens, sis à Roquencourt (canton de Breteuil.)

1755. — Pierre de la Cropte, chanoine, parent de l'évêque de Noyon, et son archidiacre est élu doyen du Chapitre, installé dans ses fonctions le 15, son élection ayant été confirmée par l'archevêché de Reims.

6 mars.

1820. — Ordonnance royale supprimant le dépôt de mendicité établi à Noyon dans l'ancien couvent des Ursulines qui avait servi de caserne et de logement pour des prisonniers espagnols.

1794. — André Dumont, représentant du peuple, se rend à Compiègne, assiste à la séance de la société populaire, monte à la tribune et dans un discours souvent interrompu par les applaudissements, il annonce « la défaite prochaine des tyrans coalisés. »

1871. — Arrivée à Noyon du général prussien Van Goeben avec son état-major. Un escadron de lanciers va loger à Tarlefesse ; ces soldats viennent le lendemain à Noyon et s'emparent des écuries de la rue de Chauny pour y mettre leurs chevaux.

7 mars.

1369. — Charles V accorde au prieur de Sainte-Marguerite d'Elincourt, une somme de cent francs pour la restauration des bâtiments conventuels qui tombaient en ruines.

1420. — La forteresse de Ribécourt se trouvant sans garnison, l'échevinage de Noyon accorde un demi-muid de blé aux gens armés qui voudront s'y renfermer pour la défendre.

1566. — L'évêque de Noyon comparaît devant la cour du Parlement ; il est réprimandé par le président pour des propos tenus contre le roi.

1586. — Le clergé de Noyon s'étant jeté avec son évêque dans la faction organisée contre Henri III, Claude d'Angennes de Rambouillet fut appelé devant le Parlement pour justifier sa conduite. La cour reprochait à l'évêque de Noyon d'avoir tenu « propos trop hautains et piquants contre le roy. »

1770. — Décès de M. Marcotte, major commandant la place de Noyon.

1800. — Cambry est nommé préfet de l'Oise; il publia en 1803 une description de ce département en 2 volumes avec atlas.

1835. — Un nouvel incendie dû à la malveillance éclate à Suzoy, consume une maison avec ses dépendances. Autre incendie d'une maison le 20 mars.

8 Mars.

1375. — Arrêt du Parlement confirmé par le roi, maintenant l'évêque de Noyon dans le droit de recevoir le serment du maire et des échevins. L'échevinage forme opposition à ce jugement.

1436. — L'échevinage de Noyon décide de de faire travailler aux murailles de la ville et de faire rétablir le *bolvart* (bastion) de la porte Dame-Journe.

1503. — Sur les instances de l'évêque de Noyon, les chanoines consentent à l'établissement des Cordeliers à Moyencourt, à la condition que le gardien du couvent donnerait tous les ans un cierge d'une livre.

1523. — L'évêque de Noyon, Charles de Hangest, assiste, comme pair de France, à l'assemblée tenue par le roi au sujet du connétable Charles de Bourbon qui fut privé de ses charges et pensions. La ville de Noyon était alors atteinte de la peste qui la ravageait depuis plusieurs années.

1551. — Décès de demoiselle Marguerite Moreau, native de Soissons, veuve de Me Géry Lesieurre, licencié en médecine de l'Université de Paris, auparavant femme de Me Philippe Charmoiue, en son vivant élu de Noyon, bailli du Chapitre. Elle fut inhumée dans la cathédrale.

1739. — Les frères Hubert, Magloire et Esprit, de la congrégation des frères des Ecoles chrétiennes, arrivent à Noyon pour y établir une école publique destinée à l'instruction gratuite des garçons. Ils s'installent rue du Gard, paroisse Saint-Martin. Ils eurent pour fondateur à Noyon Claude Gosse, curé de Saint-Martin.

9 Mars.

1236. — Raoul de Coudun et Clémence sa

femme jurent sur les saints ossements, d'amortir tout ce que l'abbaye de Chaalis avait à Carlepont, en leur censive.

1792. — Les sœurs de la Sainte-Famille de Noyon sont requises de fournir des literies pour les troupes cantonnées à Noyon. Elles s'empressent d'obéir à cette réquisition.

1812. — Un ouragan, d'une violence inouïe, s'abat sur la ville de Noyon, dans la soirée du 9 et dure jusqu'au lendemain après-midi. Les cheminées sont renversées, les toits sont enlevés, les tuiles et les plâtras jonchent les rues devenues désertes. Dans la cour du Petit-Séminaire, un mur très-élevé s'écroule en écrasant trois jeunes élèves qui rentraient en classe.

10 Mars.

1513. — Lettres de François Ier données à Paris, avant Pâques, portant condamnation de deux ouvrages du philosophe Ramus de Cuts, faisant défense à l'auteur d'enseigner, sans la permission du roi, la dialectique ou toute autre partie de la philosophie, et aussi d'user à l'avenir de telles médisances et invectives, soit contre Aristote ou autres, soit contre l'Université de Paris.

1737. — Rapport au conseil d'Etat, en demande de lettres patentes, qui confirme une transaction passée entre les Prémontrés et le sieur Mégret de Méricourt, au sujet de différents droits appartenant à leur abbaye, dans la seigneurie de Devise.

1777. — Le sieur Tondu, maire de Noyon, donne la permission d'imprimer un livre contenant des prières publiques, et relatives à la Rosière de Salency.

11 Mars.

1521. — Gillon Le Féron, fille de Pierre, seigneur de La Chapelle, épouse Fromault Paillot, conseiller, et lui apporte en dot le fief du *Criage*, dépendant de l'abbaye Saint-Corneille de Compiègne.

1788 — Ordonnance de police concernant le service du marché au blé et les fonctions de l'inspecteur du dit marché, rendue par Louis André de Grimaldi, des princes de Monaco, évêque comte de Noyon, et par le lieutenant-général de police.

1789. — L'assemblée des trois ordres du bailliage de Noyon, procède à la réduction au quart des députés chargés de porter à Laon, le cahier des doléances du bailliage.

1839. — La fabrique de la cathédrale de Noyon est autorisée à accepter le legs de onze cents francs, fait à l'église par l'abbé Druon, curé de la paroisse.

12 Mars.

1316. — Ordonnance de Philippe le Long qui établit dans la ville de Noyon un capitaine pour commander la garnison et veiller à la défense de la cité

1360. — Partage de la succession de Philippe de Coucy, chevalier, seigneur de Bailly; Jeanne de Coucy, fille de Philippe et de Jeanne de Canny, obtient la seigneurie de Bailly.

1874. — Sous le pseudonyme de SYLVAIN, un jeune Noyonnais (M. Ragonnet), publie dans l'Ami de l'Ordre une *élégie aux sapins de la montagne* Saint-Siméon.

De cette pièce, aux vers élégants et faciles, et où règne une grande élévation de pensées, nous extrairons les deux strophes suivantes :

Je suis un inconnu, je ne suis pas un Barde,
Mais j'aime à rechercher sous le bois détrempé
Par la moiteur des nuits, le murmure qu'il garde
Et l'écho des accords dont il n'est plus frappé ;
J'aime à marcher le soir, lorsque l'ombre les gagne,
Sous les plafonds obscurs et les larges abris
Des chênes aux grands bras, sous les panaches gris
    Des vieux sapins de la montagne.

J'aime aussi le matin, lorsque le rayon rose,
Echappé non sans peine aux brumes de la nuit,
Incertain de couleur, discrètement se pose
Sur le bourgeon nouveau, sur la feuille qui luit
Au haut d'un fût planté par avant Charlemagne.
J'aime à voir à cette heure un soleil jeune encor,
Laisser le pied dans l'ombre et mettre un faîte d'or
    Aux vieux sapins de la montagne.

13 Mars.

1695. — Mort du célèbre fabuliste Jean de la Fontaine, il était âgé de 74 ans et natif de Château-Thierry.

1810. — Une quarantaine de Cosaques quittent Noyon et se dirigent vers Compiègne ; quelques coups de canon partis de la terrasse du château les obligent à se replier sur Noyon.

1828. — Ordonnance royale qui nomme M. Lecuru membre du conseil municipal de Noyon en remplacement de M. Tugault, démissionnaire.

1838. — Mort à Noyon d'Eloi-Joseph Crémery, vicaire de Sainte-Madeleine de Noyon, ancien doyen de Nesle et chanoine de la cathédrale de Meaux. Il était natif de Matigny.

14 Mars.

1590. — Bataille d'Ivry gagnée par Henri IV. C'est dans cette affaire que le roi prononça ces paroles : *que son panache servirait aux sires de Cornette*, parce que le sire de Rhodes qui portait la cornette du roi avait été tué dans la mêlée.

1770. — Les affiches de Picardie publient l'avis suivant : Il partira d'Amiens pour Noyon une chaise à deux chevaux pour deux ou trois places, qui reviendra le lendemain. On désire trouver quelqu'un qui partage les frais pour Amiens ou pour Noyon.

15 Mars.

1580. — Lettres royales confirmant les privilèges et les biens des hopitaux de la ville de Noyon.

1724 — Portales Samuel prête serment comme notaire tabellion du marquisat de Guiscard. On trouve des actes de 1642 des notaires de Margny.

1839. — Inhumation dans le chœur de la cathédrale d'Amiens du corps de l'évêque de Chabons. Pendant la cérémonie des voleurs dérobèrent plusieurs groupes de statuettes placées sur les boiseries des stalles.

16 Mars.

1198. — Le pape Innocent III autorise une quête dans les diocèses de Laon et de Noyon pour subvenir aux frais de reconstruction de l'église Saint-Germain, de Ribemont, réduite en cendres par un incendie accidentel.

1360. — Ordre donné par les élus sur le fait des aides pour la défense du royaume, au receveur des aides à Noyon, de payer la solde de Faucaucourt, capitaine du château de Choisy-au-Bac.

1871. — Arrivée à Noyon des cuirassiers blancs de Magdebourg ; ils séjournent pendant deux mois, payant exactement leurs dépenses. Ils étaient accompagnés d'une batterie d'artillerie et d'une ambulance.

Le dimanche 16 mars une trombe de vent passe sur le Noyonnais et cause des pertes énormes.

A Noyon, le chiffre des dégâts atteint 30.000 fr.

Voici le détail des pertes subies par chacune des communes du canton :

Mondescourt : bâtiments, 2,350 fr. ; arbres fruitiers, 500 fr. ; au total 2,850 f.

Salency : bâtiments, 2,000 fr. ; arbres fruitiers, 1,500 fr. ; arbres du parc du château, 2,000 fr. ; dommages aux bâtiments du château, 400 fr. Total : 5,900.

Ville : Arbres fruitiers et forestiers, 2,700 fr ; bâtiments, 2,450 fr. ; au total, 5,150 fr.

17 Mars.

1494. — Pierre Decaisne, argentier de la ville de Noyon, présente le compte des dépenses faites à la fontaine située au-devant du beffroi et restaurée sous Quentin Dubois, écuyer, mayeur de Noyon.

1593. — Mort de Louis d'Estourmel, seigneur de Candor et du Frétoy. Il fut inhumé dans la collégiale de Saint-Furcy, de Péronne.

1647. — Translation à l'abbaye de Corbie d'une partie de la mâchoire supérieure de sainte Bathilde provenant de Chelles et qui avait été donnée par l'abbesse (1) aux reliques de Corbie. Déjà l'abbé Jean de Bougencourt avait obtenu du monastère de Chelles la moitié du voile de la sainte Rène et quelques cheveux.

1692. — Les Bénédictins obtiennent de l'échevinage de Noyon la concession à perpétuité d'une portion du rempart en échange de la jouissance d'un cours ou promenade que les religieux s'engageaient à planter, s'étendant depuis la porte Saint-Eloi jusqu'au grand chemin de la descente de la citadelle pour aller à Soissons. C'est la promenade publique du *Cours*.

1770. — Des pierres provenant de Conflans-Sainte-Honorine, pesant vingt-mille livres et

(1) Madame de la Melleraye.

destinées à la fontaine sont mises en place avec beaucoup de difficultés. Ces pierres doivent être sculptées par M. Masson, artiste de talent. Ce sont les statues que l'on admire aujourd'hui.

1803. — Décret qui organise la justice de paix du canton de Noyon.

1803. — Arrêté qui réduit à vingt le nombre des communes du canton de Ribécourt en transportant Passel au canton de Noyon. Il n'y eut plus alors que dix-huit municipalités, par suite d'une ordonnance royale réunissant Annel à Longueil et Ourscamp à Chiry.

18 Mars.

1425. — Les fossés de la ville de Noyon sont donnés à bail à Pierre Requin, pour y pêcher, à la condition qu'il aura pour lui le quart du poisson et que le reste sera vendu à son profit et à celui de la ville.

1600. — Lettre du cardinal d'Ossat, embassadeur du roi auprès du souverain pontife faisant part du mécontentement qu'éprouva la cour de Rome de la destruction de l'abbaye de Saint-Eloi de Noyon, pour établir une citadelle sur son emplacement.

1682. — François de Clermont-Tonnerre, évêque-comte de Noyon, donne sa complète approbation à l'Institut des sœurs de la Croix établi à Chauny le 17 octobre 1659 et à celui de Saint-Quentin, rend hommage à leur charitable exercice.

1691. — Le roi, accompagné du Dauphin, allant faire le siège de Mons, vient coucher dans la ville de Noyon, à l'évêché. Il fut reçu à l'entrée du faubourg Saint-Jacques par le maire Marcotte entouré des échevins.

1691. — Le roi Louis XIV étant à Noyon, rend un édit créant l'élection de Saint-Lô.

1742. — Ordonnance du grand prieur de l'abbaye de Saint-Médard de Soissons rendue au sujet des plaintes des chevaliers de l'arc de Lassigny contre ceux de la paroisse de Ribécourt et interdisent les jeux d'arc dans cette dernière commune.

1848. — Plantation d'un arbre de liberté sur la place de Ressons-sur-Matz. Il mourut dans l'année de l'arrosement copieux et de la bénédiction qu'il reçut le jour de sa plantation.

1835. — Trois maisons de Guy sont consumés par un incendie dû à la malveillance.

19 Mars.

1677. — Acquisition des terres et seigneuries de Sains, Brinvillier, etc., par messire Henri de la Mothe Houdancourt, qui fut successivement évêque de Rennes, abbé de Froimond et seigneur de Chevrières. Il mourut à Mézières, le 24 février 1684.

1736. — Naissance à Ham de Louis-François-Benoist de Bussy qui fut chevalier de Saint-Louis et lieutenant au bataillon de Noyon. Capitaine dans le régiment du Limousin, il devint en 1794 major de la ville de Ham.

1789. — L'abbé Gilbert, curé de Saint-Martin de Noyon, est chargé d'accompagner aux États-Généraux l'abbé Oger, curé de Saint-Pierremont.

20 Mars.

1479. — La cour du Parlement décide que le serment des maire et jurés de Noyon, entre les mains de l'évêque, pourra se faire par procureur.

1619. — Laurent Geuffrin, chanoine de Noyon et promoteur du diocèse, incommodé depuis longtemps d'une fièvre tierce des plus opiniâtres, obtient sa guérison à la suite d'un pélérinage qu'il fait à la chapelle de Moyenpont, près Péronne.

1638. — Accord passé avec l'échevinage de Noyon et les religieux de Saint-Éloi pour le rétablissement de leur couvent sur un emplacement appelé *Place d'armes* ou la *Plaine*. Des lettres-patentes de Louis XIII approuvent ces conventions et autorisent l'établissement du couvent des Bénédictins.

1706. — Mort à Pimprez de Noël Moyeiu, curé de la paroisse et natif de Péronne. Sa tombe placée à l'entrée de l'église est l'objet d'un pélérinage; on y conduit le premier jeudi de chaque mois, les enfants qui ne peuvent marcher.

1899. — M. Mesy, maire de Noyon, est nommé chevalier de la Légion d'honneur.

21 Mars.

1444. — Décret de la Faculté de théologie de Paris adressé à l'église de Noyon afin de faire cesser les dissolutions des ecclésiastiques pendant la fête des fous et autres. Ce décret fut confirmé par le roi Charles VII.

1683. — Arrêt de la cour du Parlement enregistrant les lettres-patentes royales du mois de mai 1682 confirmant l'établissement des sœurs de la Croix dans les villes de Chauny, Noyon et St-Quentin, et autorisent les sœurs à acquérir et à recevoir les donations ou legs à elles faites.

22 Mars.

1583. — Claude d'Angennes, évêque de Noyon, concède aux religieuses Clarisses de Péronne le produit de la quête du lait et beurre dans les doyennés de Péronne, Corchy et Athies pour l'année suivante. La même faveur leur fut accordée par le même prélat pour 1586 et par les vicaires capitulaires, le siège étant vacant pour 1595.

1708. — Mandement daté du palais épiscopal de Carlepont par lequel l'évêque de Noyon, Claude Maur d'Aubigné condamne le livre des institutions théologiques du père Gaspard Oratorien.

23 Mars.

1463. — Procession solennelle dans la ville Noyon ; la messe est dite à l'autel où fut publiée l'exhortation du pape demandant des secours contre les Turcs.

1485. — Le maire et les jurés de Noyon font l'acquisition en partie de l'hôtel de ville fondé par le maire Pierre Lemaire, sur l'emplacement du monastère de sainte Godeberthe.

1550. — L'abbé d'Ourscamp donne un tableau pour être placé à l'autel de Saint-Antoine dans la cathédrale.

1794. — Un convoi de prisonniers quitte la ville de Noyon; il est composé en grande partie de prêtres parmi lesquels nous citerons: Quentin Lamy, ex-curé du Frétoy, celui de Libermont, Gibert curé à Noyon, Allart ex-chartreux du Mont-Renaud, Censse solitaire, Bertin ex-curé de Béhéricourt, Fory ex-curé de

Campagne, Gruny de la Neuville-Roussons, Bayart curé de Boulogne-la-Grasse, dont la plupart furent transférés à Liancourt.

1814. — Une compagnie de hussards prussiens logée à Noyon, quitte cette ville pour se diriger vers Montdidier par un ancien chemin de traverse.

1834. — Un incendie causé par la malveillance éclate dans la commune de Vandélicourt, consume cinq maisons avec leurs dépendances.

24 Mars.

1473. — Arrêt du Parlement rendu entre le seigneur de Pimprez et l'abbé d'Ourscamp, concernant des biens appartenant à l'évêque de Noyon, à cause de son fief de Mauconseil.

1590. — Le capitaine Charmolue lègue à l'église Saint-Germain de Noyon, dans laquelle il fut baptisé, la croix de cèdre qu'il avait rapportée de son voyage de Jérusalem et deux cents francs de rentes pour payer à douze enfants pauvres l'apprentissage de métiers.

1586. — Henri III exempte la ville de Noyon de toute contribution aux fournitures de vivres à faire aux gens d'armes de la garnison de La Fère.

25 Mars.

1407. — Charte du roi Charles VI qui confirme les gens d'église, les nobles et les bourgeois de Noyon dans le droit de chasser sur les terres de la commune.

1421. — L'échevinage de Noyon fait cadeau à l'évêque Raoul de Coucy, lors de son entrée dans la ville d'un drageoir en argent doré et d'une cuillère d'argent.

1492. — Guillaume de Marafin, évêque de Noyon, vend à l'abbaye d'Ourscamp la seigneurie de Bailly, moyennant quatorze cents livres. L'acte de vente porte le sceau de l'évêque : *de gueules à la bande d'or, accortée de six étoiles de même.*

1577. — Lettres patentes du roi Henri II exemptant la commune de Cuts du paiement d'une partie des dîmes, en considération des grandes pertes qu'avaient éprouvées les habitants pour le logement et la nourriture des gens de guerre, tant à pied qu'à cheval.

1724. — Arrêt du conseil d'État ordonnant que toute reconduction de fonds de terres et héritages dans les élections de Péronne, de Noyon, de Beauvais sera et demeurera nulle et de nul effet.

1794. — Les administrateurs révolutionnaires du district de Noyon adressent une proclamation à leurs concitoyens annonçant la découverte d'une nouvelle conspiration.

26 Mars.

1165. — Bulle du pape Luce III cassant comme contraire aux canons de l'église, le pouvoir obtenu de l'évêque de Noyon, par les chanoines du chapitre de la cathédrale de frapper d'excommunication les malfaiteurs leur ayant fait tort, de suspendre le service divin, de mettre l'interdit sur la ville de Noyon et sur ses églises paroissiales, sans le consentement préalable du pape.

1549. — Les maire, jurés et bourgeois reçoivent la nouvelle de la paix conclue avec le roy d'Angleterre.

Voici les termes de la proclamation publiée dans Noyon par un des sergents de la ville.

« De par monseigneur de la Rochefort, gou-
« verneur général pour le roy en ses pays de
« Picardie, Boulonnois et Artois, en l'absence
« de monseigneur le duc de Vendosme.

« On fait assavoir à tous qu'il apartiendra
« que à la louenge de Dieu notre créateur et
« de sa glorieuse mère, bonne, ferme, invio-
« lable, sincère et certaine paix, amitié, consi-
« dération, ligue et union perpétuelle a été
« faiete, conclate, traicté et arresté entre
« très-hault, très-excellent et très puissant
« prince le Roy nostre souverain seigneur et
« le roy d'Angleterre, leurs hoirs et succes-
« seurs, par laquelle tous leurs subgecz de
« leurs royalmes, pays, terres et forliers de
« quelque estat, dignité, qualité ou condition
« qu'ilz soient peuvent seurement et libre-
« ment, tant par mer que par terre que eaues
« doulces, aller, venir, fréquenter, marchan-
« der, et traffiquer en tous lieux et endroitz
« d'une part et d'autre sans qu'il leur soit fait,
« mis ou donné aucun trouble, destourbier (?)
« ny empeschement quelconque, mais joyr pai-
« siblement comme bons et vrais amys
« alliez, conseillez les uns les aultres de franc

« de ceste bonne, sainte et heureuse paix. La-
« quelle Dieu par sa saincte grâce veuille
« maintenir, conserver et perpétuer à toujours.
« Amen. »

27 Mars.

1378. — Charles V étant à Noyon, donne des
lettres-patentes par lesquelles il réunit au domaine de la couronne de France, la ville et
châtellenie de Chauny. Cette réunion fut confirmée, en 1411, par Charles VI qui ajouta
Faillouël, Condren et ses dépendances.

1582. — Bénédiction par Claude d'Argennes,
évêque de Noyon, de l'église abbatiale de
Saint-Quentin en l'isle dans la ville de Saint-
Quentin.

1791. — La sœur sainte Ursule, supérieure
des Ursulines de Noyon, envoie au directoire
du district de Noyon une déclaration des biens
et des charges de la communauté.

1739. — Mort de Jean Dupuis, clerc du diocèse de Noyon, natif de Chauny, professeur
d'humanité au collège Mazarin, recteur de l'U-
niversité de Paris.

28 Mars.

1793. — Délibération du Directoire du district de Noyon ordonnant le recensement des
grains chez tous les habitants sans exception.

29 Mars.

1403. — Lettres closes des mayeur et jurés
de Noyon au sujet de la taille adressée à l'é-
chevinage de Péronne afin de s'entendre pour
aller trouver le duc d'Orléans et en obtenir une
réduction.

1410. — Il existait alors à Noyon une compagnie d'arbalétriers qui s'exerçait dans un
jardin appartenant à la ville et pour lequel les
chevaliers payaient huit sols de surcens à l'hôpital Notre-Dame sis rue Saint-Eloi.

1423. — Pierre Cotterelle et Johan de Neelle,
argentiers de la ville de Noyon présentent à la
Chambre le compte de leurs dépenses à l'occasion de la guerre contre les Anglais.
Il appert de ce compte que des frais considérables ont été faits pour les « compagnies de
« Noyon qui ont esté devant Compiengne es-

« pérans de le recouvrez sur ceux qui lavoient
« prins au préjudice de ceulx de la ville du lieu
« de Compiègne. »

Pour du pain acheté à Choisy on dépensa
10 livres 2 sols 8 deniers.

Pour 86 esselles de bois blanc « dont on fist
« des panais qui ont esté envoiés devant la
« dicte ville de Compiègne au commandement
« de Monsieur de Lille-Adam » pour « 13 dou-
« zaines de flesques et pour 4 douzaines de fers
« à flesques », plus « 2 fromages de Piesse » la
« ville dépensa plus de 100 livres. »

1794. — Neuf personnes enfermées dans les
prisons de Noyon quittent cette ville pour
Chantilly ; le 9 thermidor elles sont transférées
à Argenlieu ; ce sont : Maréchal père et fils et
sept prêtres dont le curé de Martin-Rivière.

1814. — Décès de madame Le Pelletier de
Mortefontaine, fille de François Louis Le
Comte de Nonant, chevalier de Reray, seigneur de Ribécourt, Marly, La Folie et autres
lieux.

1884. — Par décret de M. le Président de la
République, M. Alfred Irat, ancien clerc de M°
Durant, notaire à Paris, et ancien premier
clerc de M° Lefebvre, notaire à Laon, a été
nommé notaire à Noyon, en remplacement de
M° Paringaux, démissionnaire en sa faveur, et
il a prêté serment en cette qualité devant le
Tribunal civil de Compiègne, le 2 avril suivant.

30 Mars.

1478. — Les chanoines de Noyon autorisent
les enfants de chœur de la cathédrale à jouer
dans la cour de l'évêché le mystère de l'Annonciation et leur font donner les vêtements
et les joyaux d'une béguine. C'était le costume
d'une des religieuses du Béguinage chargées
de donner de l'instruction aux filles pauvres
de la ville.

1514. — Mort de Nicolas de Boutron, abbé
d'Ourscamp ; il avait gouverné l'abbaye pendant vingt et un ans. Il fut inhumé dans la
salle capitulaire.

1593. — Antoine d'Estrées, gouverneur de
Noyon, remet la ville aux mains du duc de
Mayenne, après avoir soutenu un siège de
vingt-trois jours.

1630. — Arrêt du parlement qui autorise les

habitants de Noyon à démolir la citadelle élevée sur l'emplacement de l'abbaye Saint-Eloi.

1630. — Lettres-patentes du roi Louis XIII autorisant les religieux de Saint-Eloi à rentrer en possession de la partie de la citadelle où était l'ancienne abbaye, leur donnant tous les bâtiments avec une portion des matériaux et le reste aux habitants de Noyon pour réparer les murailles de la ville.

1789. — Testament de messire Pierre de la Cropte de Frampalais, chanoine et trésorier de l'église cathédrale de Noyon et vicaire général du diocèse. Il donna :

A la fabrique de la cathédrale 500 livres une fois payées.

Aux capucins de Noyon 100 livres.

Aux cordeliers 360 livres.

Aux pauvres *honteux* de la ville 300 livres.

A Gaéry son domestique, 1,000 livres.

A la veuve De Brie, sa gouvernante 300 livres.

A l'hôpital général des pauvres, le surplus de tous ses biens.

Pour remercier M. Deligny, chanoine de la cathédrale, qu'il avait institué son exécuteur testamentaire, il lui fit don « d'une canne à « pomme d'or et d'un bougeoir avec son étei- « gnoir en argent. »

31 Mars.

1478. — Jean de Mailly, évêque de Noyon, fait son entrée dans la ville épiscopale, à dix heures du matin, avec le cérémonial habituel.

1369. — Jean de Chatillon, écuyer, vicomte de Meaux, fait au nom de sa femme, Jeanne de Coucy, l'aveu et le dénombrement de la seigneurie de Bailly.

1681. — Décès de messire Mathieu, natif d'Ognolles, prêtre de l'église Saint-Martin, fondateur des Filles de la Croix à Chauny et bienfaiteur de l'Hôtel-Dieu de Noyon. Un jour étant à l'Hôtel-Dieu de cette ville, il demanda la supérieure ; ma sœur, lui dit-il, voilà une aumône qu'un pauvre prêtre fait à votre maison, priez Dieu pour lui, puis il se retira. La religieuse ouvrit un sac, dans lequel elle trouva une somme considérable. Elle envoya après lui, mais il prit si bien ses mesures en fuyant, qu'on ne le pût joindre.

1726. — Robert de Campagne, qui avait épousé Françoise de Dune, fait l'acquisition de la terre d'Avricourt.

1735. — Mort de messire Louis-François le Comte de Nonant, chevalier, marquis de Néry, seigneur des terres de Ribécourt et de Pimprez. Il fut inhumé dans le chœur de l'ancienne église de Ribécourt.

1791. — Le domaine de Bailly, appartenant à l'abbaye d'Ourscamp, est en partie vendu par le directoire du district de Noyon aux citoyens Lallorette et Crémary, de Noyon.

1er avril.

1517. — A la requête des officiers du roi de la ville de Noyon, un étendard ou enseigne royal est placé au clocher de la cathédrale, à l'occasion de la publication de la croisade et des bulles du pape.

1533. — Les chanoines de Noyon ayant appris que l'évêque, Jean de Hangert, est à Abbécourt, députent vers lui deux chanoines pour le prier, s'il vient pontifier dans la cathédrale, de le faire en habits décents. Le prélat ne tint aucun compte de ces remontrances ; il se présente à la cathédrale avec une barbe longue et fort négligé dans sa mise, au grand scandale du public.

1593. — Les Parisiens font chanter un *Te Deum*, à Notre-Dame en réjouissance de la prise de Noyon par le duc de Mayenne, pour la Ligue.

1681. — Requête des Filles de la Croix à l'évêque de Noyon par laquelle elles informent le prélat « qu'elles n'ont pu obtenir la vérification des lettres-patentes du roi parce que la maison de Noyon n'a pas fourni les actes nécessaires... C'est pourquoi elles supplient l'évêque de leur donner un acte de naissance de l'établissement de la maison à Noyon et de consentir à ce que les lettres royales seront enregistrées pour les maisons de Saint-Quentin et Chauny.

2 Avril.

1410. — Lambert de Jancy, seigneur de Noyon, fait part au conseil de ville des lettres du roi demandant à emprunter cinq cents francs. Le Conseil décide que, vu l'état de pauvreté de la ville, il ne sera prêté que trois cents francs, qu'avança le receveur des aides.

1464. — Consécration dans le chœur de la cathédrale de Noyon, de Martin Berruyer, comme évêque de Meaux, par Jean de Mailly, assisté des évêques d'Amiens et de Soissons.

1788. — Catherine Vasseur, native de Noyon, se fait descendre au fond d'une fosse d'aisance dans laquelle quatre hommes étaient tombés asphyxiés. Elle est assez heureuse pour les ramener tous ; l'un d'eux avait cessé de vivre. Pour cette belle action, le roi Louis XVI lui accorda une pension et le duc d'Orléans une gratification. Puis ses concitoyens décernèrent à ce sauveteur une couronne civique dans une fête solennelle dont Catherine fut l'héroïne.

1839. — Ordonnance royale réglant les alignements de la route départementale d'Amiens à Soissons, dans sa traverse de Noyon. Sa largeur est de vingt mètres, fossés compris. C'est une ancienne voie romaine.

3 Avril.

817. — Diplôme de Louis le Débonnaire, qui confirme l'abbaye de Saint-Riquier dans la possession de la terre de Chevincourt, sise dans la vallée du Matz.

1559. — Traité du Cateau-Cambrésis qui rend à la France les villes de Noyon, de Ham, de Saint-Quentin. La paix fut fêtée par des réjouissances publiques.

1791. — Les amis de la Constitution, de Noyon, font dire des prières publiques pour la conservation du roi des Français, « en présence d'un peuple immense rassemblé de toutes les communes du district. »

4 Avril.

1371. — Le maire de Noyon, Thomas de Bachoire, ayant fait arrêter le clerc Gille, dit Pachelle, et deux domestiques des chanoines, le Chapitre cesse l'office dans la cathédrale ; il étend l'interdit aux Cordeliers, à l'hôpital et aux autres églises de la ville.

1532. — Calvin publie son fameux « Traité de Sénèque, de Clementia ». Il dédia son ouvrage à Claude de Hangest, abbé de Saint-Éloi de Noyon. Calvin avait alors vingt-trois ans.

1596. — Jean de Grouchet, seigneur de Genvry, fournit à Louis d'Ongnies, comte de Chaulnes, seigneur de Magny (Guiscard), et de de Béhéricourt, le dénombrement du fief du Grand-Chigny, relevant de la terre de Génvry.

5 Avril.

103. — César marche sur les Bellovaques retranchés dans la forêt de Cuise (Compiègne) sur le mont Saint-Mard, position très forte entourée de marais et défendue par des fossés. Le général romain n'ayant avec lui que trois légions attend de nouveaux renforts pour envelopper les Gaulois. En attendant, il établit un camp retranché sur le mont de Saint-Pierre qu'il fait entourer d'un rempart de douze pieds d'élévation et précédé d'un double fossé. On voit encore les traces de ces retranchements.

Dès qu'il eut reçu de nouvelles troupes, César fit jeter des ponts sur les marais que ses légions franchirent. Les Bellovaques peu rassurés sur le résultat d'une attaque, usèrent d'un stratagème, à l'aide duquel ils abandonnèrent leurs positions pendant la nuit pour se retirer sur le Gannelon où ils assirent leur camp, ils se bornèrent à des escarmouches contre les fourrageurs romains.

Les Gaulois tentent un nouvel effort, ils prennent position dans la plaine de Choisy-au-Bac et un combat de cavalerie s'engage. Corréus prend le commandement, une lutte acharnée a lieu. L'infanterie gauloise débouche de la forêt en colonne serrée, fait reculer la cavalerie romaine. César alors à la tête de ses légions se porte rapidement en avant; les Bellovaques, craignant d'être tournés, se replient, mais découragés, ils prirent la fuite poussés l'épée dans les reins. Un grand nombre fut tué, et leur chef Corréus périt les armes à la main.

1558. — Lettres patentes du roi, données à Villers-Cotterêts, concernant les privilèges des doyens, chanoines et chapitre de la cathédrale de Noyon.

1732. — Entrée solennelle dans la ville de Noyon de Jean-François de la Cropte de Bourzac, sacré évêque de Noyon à l'âge de 36 ans ; cette entrée se fit selon l'usage habituel.

1771. — Mort à Noyon de Mr François Rayer, natif de Saint-Quentin, chanoine de la cathédrale, vicaire général du diocèse, savant théologien, excellent casuiste, éloquent prédicateur.

6 Avril.

1372. — Lettres patentes de Charles V qui autorisent la ville de Noyon à toucher deux deniers, sur les douze pour livres, imposés pour le fait de la guerre, tant dans cette ville qu'à Pont-l'Evêque. Le produit de cet octroi devant être affecté aux fortifications de la place.

1374. — Commissions du roi Charles V données à deux *réformateurs*, dans les finances, qu'il envoie à Noyon et dans d'autres villes.

1580. — On ressent dans le Noyonnais, les secousses d'un tremblement de terre ; l'apparition de météores célestes ajoute à la consternation des habitants. Les chanoines de Noyon font, pour conjurer le fléau, une procession générale qu'ils renouvellent chaque semaine.

7 Avril.

1241. — Le chapitre de Noyon et Renaud de Vignemont, soumettent à l'arbitrage du chanoine Philippe Delacour et du clerc Robart Fonache de Dreslincourt, une contestation élevée au sujet des cens, des droits de lots, et ventes, et d'investiture, d'une masure sise à Cannectancourt.

1480. — Arrêt du Parlement confirmant une des requêtes obligeant Jean de Roye, seigneur du Plessier de Roye, à se dessaisir des reliques de Sainte-Anne, en faveur des religieux d'Ourscamp Nicolas ; Bracher, un des conseillers de la cour, est envoyé à Noyon pour faire exécuter l'arrêt.

1565. — Lettres de provisions de l'évêché de Noyon accordées par le pape à Jean de Hangest, neveu de l'évêque Charles de Hangest.

1684. — L'évêque de Noyon, de Clermont Tonnerre, faisant droit à la requête des filles de la croix de Chauny et de Saint-Quentin, déclare que leur communauté est avantageuse à la gloire de Dieu, exemplaire au public, utile et nécessaire pour l'instruction des personnes de leur sexe.

1720. — Décès de Charles François de Loménie de Brienne abbé commendataire de l'abbaye Saint-Eloi de Noyon, nommé en 1653, évêque de Contances. Les revenus de la manse abbatiale furent réunis à l'abbaye de Chelles, dont Adélaïde d'Orléans était abbesse.

8 Avril.

1278. — Concile provincial tenu à Compiègne par l'archevêque de Reims, auquel assistent les évêques de Noyon, de Senlis, de Beauvais.

1698. — Lettres patentes réunissant à l'hopital général de Noyon, les biens des anciennes maladreries de Noyon, Mondescourt, Varipont, Ercheu et Crapeaumesnil, sous certaines obligations.

1810. — Décret créant une étude de notaire à Beaulieu-les-Fontaines dont est titulaire Me Collart qui mourut en exercice. Cette étude fut ensuite transférée à Dives, par décret du 2 janvier 1813, puis revint à Beaulieu par une ordonnance royale du 3 novembre 1825.

9 Avril.

1580. — Le Chapitre de Noyon décide de faire chaque semaine des processions à cause du tremblement de terre qui s'est fait ressentir le 6 du mois.

1708. — Mort de François Mancroix, natif de Noyon, qui vécut dans l'intimité de Racine, La Fontaine et Boileau. Il laisse un grand nombre de poésies qui eurent un grand succès.

1791. — L'assemblée nationale décrète que dans la ville de Noyon, les sept paroisses dont elle était composée, ensemble les trois paroisses dites de Morlincourt, la rue d'Orroire et de Pont-l'Evêque sont supprimées et réunies en une seule, dont l'église paroissiale sera l'église ci-devant cathédrale sous son ancienne invocation.

10 Avril.

1461. — Titre prouvant que les habitants de vingt-un villages des environs de Noyon étaient exempts du droit de péage perçu par les évêques, à Pont-l'Evêque, en payant une redevance annuelle de deux deniers parisis par feu.

1575. — Jean Lefèvre, maire de Noyon et les échevins s'entendent avec le Chapitre des chanoines au sujet du droit de tonlieu ; il est décidé que les revendeurs de sel seront forcés à payer leurs droits.

1579. — L'évêque de Noyon, Claude d'Angennes, convoque au palais épiscopal l'échevinage afin de s'entendre avec lui sur les affaires de la ville, touchant les pauvres et les malades.

1718. — Les chevaliers de l'arc de Noyon, ayant à leur tête leur capitaine M. Tondu, conseiller du roi, se rendent au prix général de l'arc, tiré à Compiègne ; ils portaient un étendard de damas bleu, relevé d'un soleil et de trophées d'armes en broderie d'or et d'argent. L'enseigne était de taffetas blanc aux armoiries du roi et de la ville de Noyon. Les chevaliers divisés en trois brigades de cinq tireurs chacune, n'ont rien gagné. *Honneur au courage malheureux.*

1802. — Décret du cardinal Caprera qui donne à l'évêque d'Amiens, le titre d'évêque d'Amiens, de Beauvais et de Noyon. Jean-Chrysostôme Villaret fut le premier qui porta ce titre.

11 Avril.

1315. — Mort au château épiscopal de Sempigny, d'André Le Moine de Crécy, évêque, comte de Noyon ; il fut inhumé à Paris dans l'église du collège Le Moine, fondé par son frère le cardinal.

1407. — Arrêt du Parlement concernant la seigneurie de Bailly qui consistait en un manoir, des cens, des bois, des droits de forage et qui rapportait un revenu annuel de quatre-vingt-six livrées de terre. Cet arrêt confirmait Jean de Béthune dans la possession des seigneuries de Bailly et d'Autrêches.

1791. — La Société des *Amis de la Constitution* de Noyon demande à ses confrères de Compiègne à être affiliée à leur comité, ce qui est accordé avec effusion, et le président du bureau est chargé d'assurer les Noyonnais des sentiments d'attachement et de fraternité des patriotes compiégnois.

12 Avril.

1373. — Jean de la Grange, prieur de Sainte-Marguerite d'Elincourt, et abbé de Fécamp, est nommé, par Charles V, évêque d'Amiens.

Il est connu sous le nom de *Cardinal* d'Amiens; il mourut à Avignon, le 24 avril 1402, ; son corps fut ramené dans son ancienne ville épiscopale et inhumé dans la cathédrale.

1687. — Publication d'un règlement pour la discipline de l'église et du diocèse de Noyon, règlant la conduite des pasteurs, des anciens catholiques et des nouveaux convertis. Ce règlement avait été rédigé par François de Clermont-Tonnerre, évêque d'Amiens.

1795. — Les administrateurs du directoire du district de Noyon, en exécution de la loi du 21 germinal, ordonnent le désarmement de ceux qui avaient participé aux horreurs commises sous la tyrannie qui a précédé le 9 thermidor, *(la Terreur)*.

13 Avril.

1441. — Le chanoine Jean Richard et l'abbé d'Ourscamp sont envoyés vers le roi, à Laon, pour assurer les bonnes intentions de la ville de Noyon, mais ils reçurent beaucoup de reproches.

1515. — D'après les ordres du roi, une procession solennelle a lieu à Noyon pour la santé du pape, du roi, de la reine et pour l'état de l'église.

1665. — Erection de la confrérie de Saint-Claude dans la collégiale de Nesle, approuvée par l'évêque de Noyon, de Clermont-Tonnerre.

1788. — Catherine Vassens, domestique, âgée de 20 ans, reçoit de ses concitoyens une couronne civique, pour avoir sauvé deux hommes tombés dans une fosse d'aisances.

1789. — Un incendie détruit soixante-quatre maisons de la rue du Coizel, près d'Happlaincourt, faubourg de Noyon.

1831. — Ordonnance royale qui nomme M. Dulud, manufacturier à Carlepont, membre du conseil d'arrondissement en remplacement de M. Dufour.

14 Avril.

1486. — Sentence des requêtes du palais condamnant Jean de Roye, seigneur de Plessier-de-Roye, à remettre à l'abbaye d'Ourscamp le reliquaire de Sainte Anne, et à le déposer provisoirement dans le château épiscopal de Carlepont.

1499. — Prières publiques faites dans les églises de Noyon, pour la personne du roi et pour que le ciel préserve son duché de Milan de l'invasion des Turcs.

1531. — Le président Jancy écrit de Noyon à M. de Villeroi, une lettre relative à la négociation entamée entre Henri IV et le duc de Mayenne, chef des Ligueurs.

1553. — Les frères Cordeliers, dont le couvent avait été saccagé l'année précédente par les Bourguignons « présentent requête au cha-
« pitre afin d'obtenir place pour se rebâtir
« dans la ville. L'affaire traîna jusqu'en 1557,
« en laquelle année leur fut donnée la masure
« où pendait pour enseigne (avant le sac de la
« ville) *La croix de Jérusalem.* » (Levasseur p. 1192).

1859. — Le conseil municipal de Noyon vote un nouveau crédit de cinq cent vingt francs, afin de compléter la somme nécessaire aux dépenses à faire pour la reconstruction de l'école des garçons.

15 Avril.

1033. — Bulle du pape Benoit IX confirmant le chapitre de la cathédrale de Noyon dans ses immenses possessions, et vouant à l'anathème ceux qui porteraient atteinte aux biens des chanoines.

1415. — Raoul de Coucy prête serment de fidélité au roi Charles VI, en qualité d'évêque de Noyon et arrive dans cette ville le 28 mars 1421. Il fit son entrée, en présence du sieur de Moyencourt, de Léon de Boussincourt, écuyers, d'Aubert de Folleville, batard de Coucy et autres seigneurs.

1587. — Le gardien du couvent des Cordeliers de Moyencourt se présente devant les chanoines de Noyon réunis dans la salle capitulaire pour faire amende honorable, et reconnaître les droits de la compagnie sur l'établissement du couvent des Cordeliers à Moyencourt.

1580. — Les chanoines de Noyon, réunis en assemblée générale, décident que pour fêter l'anniversaire de l'entrée à Noyon de Claude d'Angennes, il sera fait une procession solennelle et qu'une grand'messe sera chantée.

1638. — Les religieuses Augustines s'établissent à Noyon et sont, en 1640, chargées par les administrateurs, de la direction de l'Hotel-Dieu, du consentement de l'évêque Henri de Baradat.

1685. — Décès de Jean-François-Rioy Meniolle d'Authuille, écuyer, valet de chambre de la reine, qui avait épousé Marie-Jeanne-Claire Marcotte.

Il laissa huit enfants dont l'ainé avait à peine trente ans.

Dans l'inventaire fait après son décès, on trouve mentionné deux tabatières d'ivoire garnies en écailles à cercle d'or, estimées 12 livres ; 3 demi livres de tabac à fumer, dit scaferlati, prises une livre dix sous ; un couteau de chasse d'ébène, garni en argent, prisé trois livres : une petite montre d'or à cylindre prisée 100 livres.

1745. — Jean-François de la Cropte de Bourzac, évêque et comte de Noyon, est nommé abbé commendataire de l'abbaye du Mont-Saint-Quentin, près de Péronne.

1791. — Le directeur de l'école des frères, Aubert, est cité devant l'assemblée municipale de Noyon, sur la dénonciation de la société populaire pour n'avoir pas envoyé ses enfants au service célébré pour Mirabeau. Le directeur se justifie d'une imputation aussi injuste.

1793. — Les finances de la ville étant fortement obérées, le président de la municipalité noyonnaise propose de vendre au juif Isaac, moyennant la somme de quatre cent cinquante livres « une croix en or incrustée de pierres « précieuses, provenant de la ci-devant église « cathédrale. »

La pesée des pierres faites par le citoyen Barette constate qu'il y avait sur cette croix : un grand saphir pesant 3 gros 1/2, 23 grains, une améthiste pesant 3 gros 21 grains, une grande topaze claire pesant 3 gros 1/2, 5 grains, un saphir à pendeloque pesant 3 gros 1/2, 20 grains, 6 saphirs pesant ensemble 1 once, 1 gros 1/2 22 grains, 97 pierres tant améthistes, grenats et rubis pesant ensemble 4 onces, 21 gros et un paquet de perles pesant 1 once 4 gros 1/2.

1818. — Lettre du préfet de l'Oise, de Germiny, adressé à M. Mégret de Devise, maire de Salency, au sujet du maire de Baboeuf.

1841. — En creusant une cave sur le boulevard près de la porte Dame-Journe, à Noyon, on découvre deux cercueils en pierre, une médaille romaine et sept squelettes inhumés dans des bières en bois.

16 Avril.

1653. — Naissance à Noyon, d'Antoine Claude-François Bouzier d'Estouilly, chevalier, seigneur d'Estouilly, du Chaussoy et autres lieux. Il fut lieutenant pour le roi des villes de Péronne et de Saint-Quentin, chevalier de Saint-Louis. Il mourut en 1754, et fut inhumé dans l'église d'Estouilly, où l'on voyait ses armoiries : *d'azur à trois bandes de vair appointées.*

1669. — Erection de la terre de Piennes-Mesvillers en marquisat, en faveur d'Antoine de Brouilly ; sa fille l'apporta en mariage au marquis d'Aumont, seigneur de Magny-Guiscard. L'abbaye St-Corneille de Compiègne était gros-décimateur de cette paroisse.

1791. — Les sœurs de la Sainte-Famille de Noyon se justifient de l'accusation portée contre elles, d'avoir empêché leurs élèves d'assister à la messe célébrée pour le repos de l'âme de Mirabeau.

1794. — André Dumont, représentant du peuple en mission dans le département de l'Oise, arrive à Noyon, où les patriotes organisèrent une fête civique. Après avoir réorganisé la Société populaire et avoir livré à la vengeance publique *l'antirépublicanisme* d'une vingtaine de noyonnais, le représentant quitte la ville.

1795. — Les administrateurs du directoire du district de Noyon s'occupent de l'instruction publique; ils décident que des écoles seront installées dans les presbytères, devenus libres.

17 Avril.

1780. — Un nommé Larue, cultivateur à Salency, introduit le premier la culture de la pomme de terre dans la commune. Les premiers essais furent très lents, mais, en 1810, la culture du tubercule était généralisée.

8.

1791. — Décret de l'assemblée nationale relatif à la circonscription des paroisses de la ville de Noyon ; les sept paroisses, et celles de Morlincourt, de la rue d'Orroire, de Pont-l'Evêque sont supprimées, et réunies en une seule Cette ordonnance est signée du roi Louis XVI.

1835. — Un bâteau à vapeur destiné à la navigation de la Somme, traverse le département en remontant l'Oise et le canal latéral. C'est le premier bâtiment à vapeur qui ait paru sur la rivière d'Oise.

18 Avril.

1553. — Le corps de ville de Noyon accorde aux Cordeliers dont le couvent avait été détruit, l'autorisation de s'établir où ils le jugeraient convenable.

1793. — En exécution d'un jugement rendu par le tribunal criminel de l'Oise, séant à Beauvais le 18 février, Françoise Tupigny est exposée sur la place publique de Noyon. Attachée à une potence, ayant au-dessus de la tête un écriteau portant ses nom et prénoms, puis sa condamnation à huit ans de réclusion pour vol commis à Happlincourt ; elle reste ainsi exposée pendant deux heures.

19 Avril.

1423. — Simon de Champlaisant, président du Parlement, notifie aux chanoines de Noyon, un arrêt mettant fin à un conflit élevé entre Jean Boursend, ancien maire de Noyon et le chapitre, au sujet de certaines immunités de l'église.

1683. — Mort de Hugues du Bois, écuyer seigneur de Bailly et de Béthancourt, receveur des aides de Noyon et bailli de cette ville. Il laissa deux filles de sa femme, Marie de Lesmes, qui furent mariées à Noyon.

1630. — Réparations faites à l'abbaye de Ham pour la dépense desquelles les religieux de St-Eloi de Noyon, payent un quart de la somme, avec l'abbé de Corbie.

20 Avril.

1589. — Les habitants de Noyon jurent de nouveau la Ligue, et s'engagent à poursuivre les assassins du duc de Guise.

1705. — Enregistrement à la cour du parlement des lettres patentes du mois de janvier, érigeant en marquisat, la terre et seigneurie de Magny, en faveur de Louis, comte de Guiscard, lieutenant-général des armées du roi.

1815. — Publication à Paris, chez Michaud, imprimeur du roi, rue des Bons-Enfants, de « *La Crépitonomie, ou l'art des Pets, poème didactique en trois chants, par D... de St-P....* (M. Ducastel, de Saint-Paul, habitant Noyon).

La Crépitonomie est un ouvrage curieux plein d'entrain et de gaîté. Il renferme quelques longueurs et des vers boiteux, mais ces défauts sont compensés par les traits d'esprit qui apparaissent à chaque page.

Dans sa préface, l'auteur parle ainsi de son ouvrage :

« Je conviens, malgré tout, que des personnes dont le front ne se déride jamais, que de petites maîtresses qui détournent le nez au seul mot de pet, quoiqu'elles en fassent tout autant que d'autres, ne me pardonneront par d'avoir traité une semblable matière. Qui les force de me lire ? Je les abandonne à toute la colère de Crépitus ; leurs censures ne m'empêcheront jamais de croire que mes vents feront tourner plus d'une girouette.

Mes vers obtiendront-ils des critiques ? ce doute ne prouve-t-il pas déjà trop d'amour propre ? Si mon pinceau, novice encore, pouvait faire concevoir de l'espérance, refuserait-on de le guider, parce qu'en débutant il s'est trempé dans une couleur un peu terne ? Je soumets cette question aux modernes Apollons et finis cette préface en les assurant que telle bonne idée je conçoive de mes pets, je n'ai le moins du monde pensé que leur vent fut assez puissant pour me lancer au temple de Mémoire. »

Cet ouvrage est devenu une rareté bibliographique.

21 Avril.

1699. — Mort de Jean Racine, historiographe du roi ; il accompagnait Louis XIV quand il venait à Compiègne, notamment en 1698.

1885. — Remise des palmes académiques à M. Maillet, curé-doyen de Lassigny, par M. le sous-préfet de Compiègne, délégué à cet effet. Cette cérémonie a eu lieu avec un certain éclat ; des discours ont été prononcés, et un vicaire de Noyon a lu une pièce de vers en l'honneur de l'officier d'académie. M. l'abbé Maillet a publié diverses notices insérées dans les bulletins du comité archéologique de Noyon.

22 Avril.

1202. — Fondation de l'Abbaye-au-bois par Jean, châtelain de Nesle et par Eustachie, son épouse. Ce monastère de Bernardines était situé près d'Ognolles, sur les bords de la forêt de Bouveresse ; il relevait du bailliage de Roye.

1426. — Simon Héron, demeurant à Noyon, succède à son père, dans la possession d'un fief consistant en une maison sise à Compiègne, rue St-Pierre, et dépendant de l'abbaye Saint-Corneille, dont il était le baron à verge, ou un des huit barons fieffés.

1414. — Lettres patentes du roi Charles VI données à Noyon, rendant aux habitants de Noyon, la faculté d'approvisionner le grenier à sel de leur ville « en quantité telle que le fait de nos aides, dit le roi, ayant cours pour la guerre, n'en soit aucunement diminué. »

Par le roi en son conseil, signé: VILLE-BRESME.

23 Avril.

1479. — Le Chapitre de Noyon fait défense aux ecclésiastiques du chœur, de prendre part à des représentations de mystères, sans son consentement.

1634. — Dom Charles Marcotte, chartreux du Mont-Renaud et fils de Marcotte, conseiller au bailliage de Noyon, adresse à Jacques Le Vasseur, doyen du Chapitre de Noyon, une note concernant l'historique de la Grande Chartreuse et les noms de ses prieurs.

1767. — Mort à Noyon de Louis-Charles Aubrelicque Delamotte, écuyer, sieur de Ronquerolles, ancien avocat au Parlement de Paris.

Sa sœur, Louise-Madeleine-Adélaïde Aubrelicque avait épousé messire François, baron Dufemel, mestre de camp de cavalerie, chevalier de l'ordre royal et militaire de Saint-Louis, exempt, aide-major des gardes du corps du roy.

1790. — Mort du Frère Bertin, directeur de l'école des frères de la doctrine chrétienne de Noyon ; il fut remplacé par le frère Aubert, qui depuis 1775, était dans la maison des Frères.

1832. — Le choléra se déclare dans les communes de la vallée de Dive, et s'étend sur Sempigny, Pont-l'Evêque, Varesnes et Bretigny. Il fait partout de nombreuses victimes.

24 Avril.

1402. — Décès de Jean de La Grange, évêque d'Amiens, ancien prieur de Sainte-Marguerite d'Elincourt : il laissa par testament à son ancien prieuré cinq cents francs d'or pour être employés en anniversaires et en acquisitions.

1420. — Le chapitre de Noyon renouvelle ses défenses contre les farces introduites les jours des Rois et des Innocents, sous peine de quatre livres d'amende.

1682. — Un aventurier se disant prêtre et docteur en théologie, obtient du Chapitre de Noyon l'autorisation de prêcher dans la ville et dans les paroisses du diocèse. Ces prédications étaient très suivies ; mais il fut reconnu qu'il n'était pas prêtre, alors il fut condamné à mort et exécuté à Hesdins, pour avoir célébré la messe et entendu les confessions.

1743. — L'abbé Antoine Reneufve, curé de Pimprez, fait appel comme d'abus, d'une sentence de l'officialité de Noyon, rendue contre lui.

25 Avril.

1336. — Mort d'Albert de Roye, évêque de Laon. Il légua cent livres à la cathédrale de Noyon, avec lesquelles le Chapitre acheta, pour célébrer son anniversaire, dix setiers de terre au village de Béthencourt.

1547. — Un service solennel est célébré en l'église cathédrale de Noyon, pour le repos de l'âme de François 1er décédé à Rambouillet, le 31 mars précédent. Les maire, jurés, officiers du roy, de la ville et de l'évêché, portaient chacun une torche où se trouvait attaché un blason représentant les armes du roy et celles de la ville.

1690. — Mort au palais épiscopal, des suites d'une pneumonie, de Henri de Baradat, évêque de Noyon, fils de Guillaume de Baradat, seigneur de Fleuri et de Thon. Ce prélat fut enterré dans la chapelle Saint-Nicolas de la cathédrale.

1832. — Le choléra sévit sur la population de Ville, atteint un grand nombre d'habitants ; il frappe mortellement vingt-et-un hommes et vingt-quatre femmes. L'épidémie ne cessa qu'à la fin de juin.

1857. — Décès à Noyon de Desmorest, fils de l'exécuteur criminel au bailliage de Noyon. Il fut lui-même exécuteur à Paris, à Nice et à Montbrison. Desmorest fut emprisonné par les ordres de Saint-Just et de Robespierre, mais la chûte des terroristes lui rendit la liberté.

27 avril.

1167. — Translation dans la cathédrale de Noyon des corps de Sainte-Godeberthe, de Saint Mommelin et saint Eunuce, inhumés dans l'oratoire de Saint-Georges, devenue l'église paroissiale de Sainte-Godeberthe.

1307. — Jean de Canisi, abbé de Saint-Barthélemy de Noyon, obtient du pape Jean XVII un diplôme en faveur de son abbaye, pour l'érection de la chapelle Saint-Elisabeth, dans l'église abbatiale.

1412. — L'échevinage de Noyon décide de mettre à chaque porte de la ville des gardes ; le Chapitre devra envoyer deux hommes à la tour *Coquerel* qui s'étendront jusqu'à la porte Dame-Journe.

1487. — Le Chapitre de Noyon fulmine l'excommunication contre les bouchers de la ville, parce qu'ils étaient en retard de payer aux chanoines l'*épaule de mouton* à eux due, comme droit de tonnelieu.

1793. — Les membres du district de Noyon adressent au représentant André Dumont une lettre dans laquelle ils déplorent la mesure qui le rappelle dans le sein de la convention, et l'assurance de la reconnaissance générale pour les bons services rendus par lui à la chose publique « en déjouant les cabales qui tendaient « à jeter la division parmi nous. »

28 Avril.

860. — L'évêque Immon, de Noyon, est massacré à l'entrée de sa cathédrale par les Normands, ainsi que ses diacres et ses chanoines.

1403. — Un acte capitulaire des chanoines de Noyon défend aux chantres de la cathédrale de faire du bruit avec les stalles, et de pousser des hurlements au mot *Moab*, sous peine d'excommunication.

1448. — Ordonnance du roi Charles VII concernant la milice des francs-archers, et à laquelle se conforment les chevaliers de l'arc de Noyon.

1504. — Translation des reliques de sainte Godeberthe de Noyon, d'une vieille chasse en bois dans une nouvelle en argent doré, par l'évêque de Noyon assisté des chanoines, des abbés de Saint-Eloi, d'Ourscamp, de Saint-Eloi-Fontaine, de Ham, etc.

1559. — Le maire de Noyon annonce à la Chambre communale « que le seigneur Hans « Von Wiche, lieutenant du comte Kinguère, « collonel des Allemans estant en garnison en « ceste ville, a grande affection et prie que en « mémoire de luy lon face faire le bac et colone « de la fontaine sur le grant marché selon le « pourtraict que présentement a esté veu en la « dicte chambre, et a promis bailler et fournir « aucunes matières qu'il o pour y aider. »
La Chambre décide que « en considéracion « du bon réglement, suport et modestie dont « ledit capitaine a fait user par les allemans du « dict régiment, qui ont esté longuement en « la dicte ville et aussy que la dicte fontaine « est nécessaire pour la décoration, beauté et « utilité de la dicte ville que l'on fera faire le « dit bac et colonne de la dicte fontaine selon « les portraicts et en sera faicte la devise pour « mectre par affiches *le marché dudit ou-« vraige* et le bailler au rabais. »

29 Avril.

1779. — Arrêt du Parlement qui ordonne qu'à l'avenir, les laboureurs et marchands de moutons et brebis du Noyonnais, du Soissonnais, etc., marqueront leurs bêtes avec de la sanguine et non avec de la *terque* (goudron) ou autre composition capable d'altérer la qualité de la laine.

1794. — Un dernier convoi de suspects composé de sept personnes quitte Noyon pour le château de Chantilly, d'où elles sont transférées, au mois de thermidor, dans les maisons de détention de Liancourt et d'Argenlieu.

1832. — Le choléra apparaît dans la commune de Sempigny ; sur quarante malades atteints par l'épidémie, la moitié succombe.

30 Avril.

1566. — Par suite de la misère extrême qui afflige le pays, la Chambre de Noyon décide qu'une somme de cent cinquante-deux livres sera distribuée par semaine aux pauvres invalides de la ville.

L'évêque de Noyon paiera 100 sols, messieurs du Chapitre 30 livres, l'abbé de Saint-Eloi 10 livres, le couvent du dit lieu 100 sols, l'abbé de Saint-Barthélemy, 10 livres, le couvent dudit lieu 100 sols, les chapelains 106 sols, les curez 7 livres 3 sols, les clercs des paroisses 27 sols. Le surplus, soit 73 livres devra être fourni par les habitants.

Le bureau, pour la distribution des secours sera établi en la cour de l'Evêché, selon les rôles qui seront dressés. *Quant aux pauvres valides on les enverra besongner.*

1670. — Passage à Noyon de Louis XIV et de sa suite. Le roi est reçu avec le cérémonial accoutumé.

1695. — Réception comme secrétaire du roi de Jean-Baptiste-Joseph Berthe, seigneur de Caisnes et de Cuts, fils de Jean Berthe et de Madeleine de Thiess. Il épousa Catherine Vaillant et mourut le 5 novembre 1723.

1er Mai.

1334. — Charte constatant la présence à Noyon de Louis, comte de Flandre, de Nevers et de Rethel.

1438. — Le Chapitre décide que le service pour l'évêque Jean de Mailly, se dira chaque matin en la chapelle de saint Mathieu, moyennant douze cents saluts d'or. Cette fondation était gravée sur une lame de cuivre dans la chapelle saint Mathieu de la cathédrale.

1470. — Montre ou revue faite à Noyon de quatre-vingt-dix-sept hommes d'armes et de cent quatre-vingt-quatorze archers, en garnison dans le Vermandois.

1489. — Pierre de Pommereux, écuyer, prévôt de Chauny, se pourvoit devant le conseil du roi contre l'évêque de Noyon, Guillaume de Marafin, qui l'avait excommunié pour avoir fait emprisonner un clerc, nommé Périnet-Brocart, prévenu de tentative de meurtre.

« Nous, Jehan Dupré, licencié en lois, lieutenant de monseigneur le gouverneur et bailli et du conseil du roi, a esté envoié quérir et obtenir en la chancellerie du roy à Paris, à la requête de nous et de Pierre de Pommereux, écuier, prévôt de Chauny, mes lettres royaux et provisions à l'encontre du prévôt qui retenait prisonnier à prisons royales de Chauny un nommé Perrinet-Brocart, qui avait battu, navré à sang et à plaie, de propos délibéré un nommé Gadon, fils de Simon Gadon demeurant à Chauny. Lequel prisonnier avait été requis par l'évêque de Noyon, comme clerc, ce qui lui avait été refusé, et pour cette cause avait, ledit évêque, fait admonester et excommunier le prévôt, afin que le prisonnier, en voulant dudit cas ôter et usurper la connaissance au roy notre sire et à sa justice. »

1607. — Jean de Quivières, du village de Ville, est frappé de la foudre, alors qu'il s'était réfugié sous un saule. Il avait refusé d'assister à la messe et gardait ses chevaux dans les pâtures.

1610. — Claude du Puys, fondeur ordinaire de l'artillerie du roi Henri VI, cède à Pierre Roussel, fondeur de cloches à Rèvnes, sa part dans le marché passé entre lui et Roger Tarillier, fondeur, demeurant à Noyon, et les chanoines de Noyon pour la grosse cloche de la cathédrale.

2 Mai.

1413. — Lettre du prévôt des marchands, des échevins, bourgeois, manants et habitants de la ville de Paris, adressée à leurs chers amis, les maire, échevins, bourgeois, manants et habitants de la ville de Noyon, à la suite des émeutes et des violences qui avaient eu lieu dans la capitale au mois d'avril.

1435. — L'échevinage de Noyon accorde aux arbalétriers de la ville, deux lots de vin, chaque dimanche, pourvu qu'ils soient au nombre de huit.

1598. — Paix de Vervins proclamée au mois de juin dans la ville de Noyon. Il y eut à cette occasion des feux de joie et des réjouissances publiques.

1729. — « Claude Trinoc, Claude Harade, « Marguerite Hacque et Simon Deguery, tous « laboureurs à Erchen, louent au chapitre de

« Noyon la quantité de 34 journaux 38 verges
« terres labourables en plusieurs pièces séantes
« au terroir d'Ercheu et environs qui est le
« marché du *Fief du Saint-Esprit*. » Ce marché a lieu moyennant « 16 muids de blé et 4
« livres tournois avec un pigeon blanc le jour
« de la Pentecôte, lequel pigeon sera fourni
« annuellement le jour et feste de la Pentecôte,
« vif en plumes, sans aucune tâche, à peine de
« 75 sols d'amende. » C'est cette colombe que
l'on faisait voltiger dans la *cathédrale pour figurer* la descente du saint Esprit sur les apô-
tres.

3 Mai.

1359. — Les chanoines de Noyon donnent
leur consentement à l'accord passé entre l'é-
vêque de Noyon, Gilles de Lorris, et les bénédictins de Ribemont, au sujet de l'église de
Fontaine-les-Cappuy, du diocèse de Noyon.

1560. — Décès de Raoul Tabary, docteur en
théologie, doyen du Chapitre de Noyon et ancien curé de Cambronne. Il dédia six livres de
médecine au roi Charles VI. Ce chanoine nommé doyen, en 1557, se démit de sa charge : il
fut inhumé dans la chapelle neuve de la cathédrale.

1743. — Bénédiction par l'évêque de Noyon
de la maison des Frères des écoles chrétiennes,
et d'une cloche à l'église Saint-Martin appelée
Cloche Frères.

1790. — Les chevaliers de l'arc de Noyon
reçoivent une invitation de leurs confrères de
Boulogne-la-Grasse pour assister au prix général.

3 Mai.

1642. — Cession faite par la communauté des
Moutoiliers de Salency, à Charles de Belloy,
seigneur de Salency, de trois quartiers de pré
de la moutoile. Cette cession est annulée par
arrêt du Parlement.

1628. — Par un acte capitulaire les chanoines de Noyon décident que l'on conservera,
le jour de la Pentecôte, la cérémonie de la
descente d'un pigeon. Cette coutume consistait
à faire descendre, avec une ficelle, un gros pigeon qui voltigeait çà et là, au haut des voûtes,
avant tierce, et qui représentait la descente
du Saint-Esprit.

1834. — Incendie de cinq maisons dans la commune de Vauchelles, avec leurs dépendances et les récoltes qu'elles contenaient. Les pertes sont évaluées à neuf mille francs ; c'était le jour de la fête du roi Louis-Philippe.

5 Mai.

1419. — Le duc de Bourgogne, lieutenant du roi de France et d'Angleterre, vient à Noyon : il est reçu solennellement à l'entrée de la cathédrale. Le 4 juin de l'année suivante, la duchesse de Bourgogne fut aussi reçu dans l'église à laquelle elle fit « quelque oblation d'or. »

1542. — Date de l'acte le plus ancien de l'étude de M. Genffrin Jean, notaire à Noyon qui exerça jusqu'en 1581. Il eut pour successeur, en 1591, Morel Vasseng, qui comparait à la rédaction des coutumes de Chauny, en 1609.

1601. — Mort au Mans de Claude d'Angennes, qui fut évêque de Noyon, et qui ayant eu des démêlés avec son Chapitre, obtint l'évêché de la ville du Mans.

1714. — Naissance de Louis de Brancas, marquis d'Appilly, fils d'un pair de France, baron d'Oise, et de Marie Morus.

6 Mai.

1190. — Philippe-Auguste, par une charte donnée à Etampes, règle les différents qui existaient entre Etienne, évêque de Noyon, et les bourgeois de la ville, à la satisfaction des deux parties.

1414. — Les habitants de Noyon envoient des députés vers le roi, alors à Compiègne, pour recommander leur ville et faire modérer la taille.

1491. — Nicolas Brachet, conseiller au Parlement, est reçu chanoine de la cathédrale de Noyon ; il fut délégué par la Cour pour faire remettre à l'abbaye d'Ourscamp, le chef de sainte Anne que détenait le sire de Roye.

1795. — Les administrateurs du directoire du district de Noyon nomment des instituteurs et des institutrices ; ils s'occupent d'un règlement arrêté par le jury d'instruction et qu'ils adoptent.

7 Mai.

1502. — L'hiver de cette année fut excessivement froid et se prolongea jusqu'en mai ; les chanoines de Noyon firent une procession générale pour obtenir du ciel « la mitigation » du temps. Le siège épiscopal était alors vacant.

1617. — Guérison miraculeuse de Jacques Targni, bourgeois de Noyon, et procureur au bailliage. A l'âge de soixante-sept ans, il fut atteint d'une paralysie qui le faisait ressembler *plutôt à une souche qu'à un homme.* Il f:t porté comme un enfant à Notre Dame de Moyenpont. Il ne fut pas sitôt sorti de la fontaine où on l'avait plongé qu'il remonta lui-même dans la voiture qui l'avait amené. A son retour à Noyon, dès qu'il aperçut la chapelle de Saint Quirin qui n'en est éloignée que d'un quart de lieue, il se jeta en bas de la voiture, alla jusque dans sa maison à pied, se remit à ses fonctions interrompues depuis longtemps, et six ans après se remaria pour la seconde fois. Tout Noyon, dit J. Levasseur, attesta ce miracle.

1775 — Décès d'Alexandre de Monguiot, chevalier seigneur de Cambronne, du fief du Saussoy, de la mairie, de Cloquette, de Bac à Bellerive... mousquetaire de la garde du roi. C'est ce seigneur qui fit bâtir, en 1762, le château de Béthancourt. Sa fille Thérèze, épousa Danré, seigneur de Salency.

8 Mai.

1533. — François Ier reconnaît que Jean de Hangest, évêque de Noyon, lui a présenté foi et hommage pour les terres et seigneuries de Genlis, Abbécourt, Lataule, Gournay et Auteuil.

1553. — Florentin des Acres de Laigle, écuyer, assiste au procès-verbal de la rédaction des Coutumes de Chateauneuf ; il avait épousé Marguerite Lemoine, qui lui apporta la seigneurie de la Chapelle-Vieil.

1709. — Mort de Dom Le Masson (Innocent) natif de Noyon, théologien, écrivain et général de l'ordre des Chartreux. Il était entré à l'âge de dix-huit ans à la chartreuse du Mont-Renaud, dont il devint prieur. Le Masson fut un des jansénistes qui avaient quitté Port-Royal pour se réfugier dans le Beauvoisis.

9 Mai.

1252. — Jean, châtelain de Noyon et de

Thourotte, lègue par son testament, cinquan'e livres au prieuré de St-Amand, à Machemont.

1414. — Edouard III étant venu à Pont-Lévêque, la ville de Noyon lui présente deux poinchons de vin, deux essaims d'avoine et deux douzaines de pains.

1597. — Arrêt du Parlement rendu en conséquence d'une enquête constatant le consentement du chapitre et de la commune de Noyon à l'établissement des Ursulines, et qui ordonne l'enregistrement des lettes royales au greffe du bailliage de Noyon.

1702. — Fête patronale à Ressons-sur-Matz ; dans la nuit toutes les vignes sont gelées. Les habitants en attribuent la cause à la négligence de Saint-Nicolas, leur patron, qu'ils abandonnent pour se mettre sous la protection de Saint-Louis. Les pertes furent considérables ; vingt mille pièces de vin étaient, assure-t-on, récoltées dans les vignobles.

10 Mai.

1430. — Le duc de Bourgogne passe huit jours à Noyon ; il quitte cette ville avec Jean de Luxembourg qui commandait ses troupes.

1524. — Jean Rabeau, chanoine de Noyon, tombe dans l'eau et se noye au Pont-d'Orgueil; il avait donné à ses confrères les censes de Roquancourt, de Jonquières et de Chiry.

1780. — Arrêt du Parlement condamnant messire Danré, seigneur de Salency, à payer à la communauté des Moutoiliers, la somme de deux mille deux cent neuf francs d'indemnité, fixée par des experts pour les arrérages du cens dû pour une partie du pré de la Moutoille.

1785. — Testament de Pierre-François Bainast de la Salle, seigneur de la Salle et autres lieux, chanoine de Noyon.
Il fit de grandes libéralités aux maisons conventuelles et aux pauvres de Noyon.
Entr'autres choses, il donna et légua à « M. « Marie-Antoine-Joseph de Bainast de Sept- « fontaine, chanoine de l'église royale et collé- « giale de Saint-Quentin toute son argenterie « de table marquée aux armes des De Bai- « nast, tels que réchaux, huiliers, cuillères, « fourchettes et autres pièces d'argenterie, en- « semble ses jetons d'argent frappés aux armes

« des Etats d'Artois que le père du testateur a
« eu lors de la naissance de feu monseigneur
« le dauphin, père du roy régnant comme dé-
« puté aux états d'Artois, avec le corps de
« la noblesse, et la médaille d'argent frappée à
« l'occasion de la naissance de M. le comte
« d'Artois ainsy que la croix de Saint-Louis du
« frère dudit testateur. »

1830. — Le choléra fait son apparition dans
le canton de Ribécourt ; remontant la vallée de
l'Oise, il frappe les populations de Plessis-
Brion, de Chiry, puis celles de Bailly. Thourotte, Montmacq, Dreslincourt, etc. Ce fléau
fait cent trente victimes dans le canton et cesse
au mois de septembre.

11 Mai.

1438. — Décision prise par les maire et jurés
de Noyon de faire à l'hôtel de ville les réparations nécessaires, ainsi qu'au beffroi.

1682. — Bénédiction de la chapelle de l'abbaye de Saint-Eloi par François de Clermont-
Tonnerre, évêque de Noyon, assisté du supérieur général de Saint-Maur et du prieur Dom
Robert. La boule qui terminait un des deux
clochers renfermait des reliques des saints
Thomas et Benoit. Au frontispice de ce temple
était peinte une image de la vierge qu'un soldat
calviniste avait osé outrager. Il fut pour ce fait
écartelé sur la Place de Noyon.

1793. — Le directoire du district de Noyon
requiert les villages environnants d'avoir à
fournir et tenir prêt, pour le lundi soir 13 mai,
sur la place de Marché-le-Pot, « un chariot ou
« grande charrette attelé de quatre chevaux,
« pour servir de ce lieu à Roye au transport
« des troupes qui y passeront le lendemain et
« les deux ou trois jours suivans. »

12 Mai.

1414. — Les archers et les arbalétriers de
Noyon se rendent avec l'armée royale sous les
murs de la ville de Soissons assiégée par le roi
Charles VI. Le roi s'en empare le 15, la livre
au pillage et à l'incendie et fait exécuter Enguerrand de Boumonville, le défenseur de la
place. On voit le monument funèbre de ce brave
officier dans l'église de Marle (Aisne.)

1417. — Guillaume de Gamba, chanoine de
Noyon, lègue au chapitre pour sa bibliothèque

« *l'apparat de dimes* » et la « *Somme copieuse de l'archidiacre.* »

1645. — Décés de Charlotte Lefebvre femme de Jean de Saint-Massens, bailli de la ville et comté de Noyon, près duquel elle fut inhumée dans la cathédrale.

1773 — Mariage, dans la chapelle du château de Champien, du vicomte de Hautefort, baron de Béhéricourt, comte de Neufvy, seigneur de Margny-aux-Cerises, avec sa cousine d'Hautefort de Vaudres.

1794. — Un arrêt du Conseil de salut public ayant mis fin à la mission d'André Dumont dans le département de l'Oise, les membres du district de Noyon adressent à Dumont la lettre suivante :

Citoyen représentant,

« C'est avec un extrême regret que nous avons appris que ta mission était cessée dans le département, nous te devons un tribut de reconnaissance des bons services que tu as rendus à la chose publique, en déjouant les cabales qui tendaiet à semer la division parmi nous.

Oui, citoyen, tu emportes notre estime, les préceptes que tu nous a donnés, ceux que contient ton adressé, seront toujours la règle de notre conduite et nous ne cesserons de travailler au maintien de l'ordre que tu as établi dans ce district. (*Suivent les signatures*).

1834. — La municipalité décide que la ville offrira aux communes voisines, un grand prix d'arc.

Dans une affiche-réclame, *écrite* tout exprès par le spirituel auteur de la *Crépitonomie*, M. du Castel, le maire fait appel à toutes les compagnies de la contrée.

... « A vous, fabricans ingénieu, commerçans actifs, industriels laborieux ; à vous tous, qui êtes l'âme de la vie civile, suspendez vos spéculations et vos travaux ; reposez vos membres fatigués ; tournez vos idées vers ce but que nous vous offrons ; il est de paille à la vérité ; mais le bonheur se rencontre-t-il toujours sous les lambris dorés !

» A vous, utiles magisters, judicieux conseillers de vos communes et greffiers nés de vos compagnies, venez dérider au milieu de nous ces fronts sévères, la terreur de nos enfans ; quittez pour un instant la direction de vos universités champêtres, saisissez vos arcs, endossez le carquois et prouvez à vos nombreux rivaux que vous lancez la flèche avec non moins de dextérité que vous maniez la plume. il appartient *d'entonner* l'hymne de la victoire.»

13 Mai.

1565. — Déclaration du roi Charles IX portant règlement pour les ministres et les prédicateurs de la religion réformée, dans la ville de Noyon.

1692. — Louis XIV et la cour traversent la ville de Noyon. Le roi est harangué par l'évêque François de Clermont-Tonnerre.

1715. — L'évêque de Beauvais donne dans l'église de Monchy-Humières, la confirmation aux enfants d'Elincourt-Ste-Marguerite et des paroisses voisines.

14 Mai.

1629. — Décès d'André Vintard, maître de l'hôtel-Dieu de Noyon. C'est sous son administration que fut construit, par François Le Plat, curé de Saint-Germain, un bâtiment destiné à servir de dortoir et de réfectoire aux religieux administrateurs.

1740. — Un habitant d'Elincourt-Ste-Marguerite rapporte de Rome des reliques de saint Flor, martyr, qui sont déposées dans l'église, et donnent lieu à une procession annuelle.

1791. — Les administrateurs composant le directoire du district de Compiègne, Devest et Lallier l'aîné, certifient conforme à l'original signé par les administrateurs du directoire du département, la copie de l'ordonnance royale supprimant les sept paroisses de Noyon et les réunissant à la cathédrale.

1794. — Le conseil permanent du district de Noyon prend un arrêté organisant sur des bases nouvelles et d'une manière démocratique, le couronnement de la Rosière de Salency.

15 Mai.

1345. — Réunion dans la chapelle de l'abbaye Saint-Barthélémy de Noyon du chapitre général de la congrégation de Saint Victor, sous la présidence de l'abbé Eudes de Combles.

1371. — La reine de France, femme de Philippe le Hardi, dîne à Noyon, et part pour aller en Bourgogne. Elle soupe et couche à Compiègne.

1534. — Calvin Jean, cède sa cure de Marteville pour prendre celle de Pont-l'Evêque et reprendre sa chapellenie de la Gésine; il vend à prix d'argent ces deux bénéfices. La chapelle de la *Gésine* était ainsi appelée parce qu'on y allait prier pour les femmes en couches.

1551. — Les paroissiens de l'église Saint-Martin de Noyon, sont autorisés, par le chapitre des chanoines, à élever une chapelle dans leur cimetière.

1568. — François Masse, greffier du bailli de Noyon, publie sur la Place du Marché, les lettres du roi Charles IX changeant la date à laquelle se tenait la foire de Nampcel.

1686. — Arrêt du Parlement rendu entre l'hôpital de Noyon et les héritiers de Haussy, réglant le legs fait aux pauvres.

1756. — Les habitants du Noyonnais éprouvent deux secousses de tremblement de terre, la première à deux heures de la nuit et la seconde moins forte une heure après. La population frappée de terreur quitte les maisons. Déjà le 20 avril on avait ressenti le même phénomène qui fut plus violent vers Amy et les environs.

1810. — Erection d'un calvaire à Noyon sur la route de Saint-Quentin. Cette croix avait été donnée par Pierre-Antoine Sézille, du Coizel. Une foule nombreuse assistait à cette cérémonie.

1810. — On entreprend à Noyon la démolition des Halles aux boucheries qui tombaient en ruines. Elles étaient situées dans la rue des Boucheries, qui descend de l'hôtel de ville à la rue des Tanneurs.

1821. — La duchesse de Berry accompagnée l'évêque d'Amiens, vient à Salency couronner la rosière. Une inscription rappelle cet évènement.

1835. — Ordonnance royale approuvant l'établissement d'une caisse d'épargne à Compiègne et comprenant la section de Noyon.

16 Mai.

1213. — Etienne de Nemours, évêque de

Noyon, fonde dans le château de Mauconseil, une chapelle sous le titre de Notre-Dame, et donne des rentes pour la desserte de cette chapelle ; elle fut détruite avec le château en 1359 et les charges furent acquittées par l'église paroissiale de Chiry.

1327. — Charte de l'official de Noyon par laquelle, devant Etienne dit *cachemaire*, notaire et tabellion royal à Noyon, Colard dit le *Paira de Vermandovillers*, demeurant à Beaulieu, donne à l'hôpital Saint-Jacques, situé rue Saint-Maurice, à Noyon, quarante-deux verges de terre situées au terroir de Brie.

1515. — Mandement de Charles de Hangest, évêque de Noyon, donnant l'ordre de chômer le jour de la fête de saint Vaneng, patron de la ville de Ham.

17 Mai.

1424. — Décès de Raoul de Coucy, évêque de Noyon, fils de Raoul de Coucy et de Jeanne de Harcourt. Il fut enterré dans le chœur de la cathédrale sous une lame de cuivre portant une inscription latine et ses armoires : *Fascé de vair et de gueules de six pièces.*

1563. — Protestation de Jean de Hangest, évêque de Noyon, contre la préséance accordée à son préjudice, au cardinal de Guise, à la séance du Parlement.

1636. — Mort de Jérome Vrévin, lieutenant général au bailliage de Chauny ; il fut inhumé dans l'église d'Appilly où est sa pierre tombale.

1675. — Philippe Benoist, conseiller du roi, commissaire général des guerres de Picardie, achète à Eymard de Boubert, seigneur de Bayencourt, la terre et seigneurie de Belleuglise, près d'Elincourt-Ste-Marguerite.

1790. — Décret de l'assemblée nationale, autorisant la ville de Noyon à lever une imposition extraordinaire de huit cents livres pour être employées au secours des indigents.

1859. — Pose de la première pierre du grand bâtiment de l'école des Frères par le conseil municipal de Noyon.

18 Mai.

1223. — Arrêt du Parlement obligeant les

maire et échevins de Noyon de prêter serment entre les mains de l'évêque sur des reliques de Saint Eloi, de ne rien entreprendre contre les droits de l'évêque et de son chapitre.

1412. — Les échevins de Noyon ayant été avisés de la prise de Bohain par les ennemis, décident de mettre onze hommes de garde à chacune des portes de la ville.

1761. — Lettre du noyonnais Beaucousin à son compatriote Gourdin, peintre à Noyon, au sujet des travaux décoratifs qu'il avait à exécuter dans la cathédrale, notamment d'une gloire. Cette lettre contient aussi de curieux détails sur dom Gourdin fils, qui venait de faire profession à l'abbaye de Jumièges.

1809. — Une dyssenterie épidémique frappe la commune de Cambronne; vingt-sept personnes meurent victimes de cette maladie, qui cesse de régner au mois d'octobre.

19 Mai.

1774. — Sentence du bailliage de Chauny confirmant les habitants de Salency dans le droit de choisir trois filles du village pour prendre parmi elles une rosière. Ce jugement est notifié par le duc d'Aumont, seigneur de Guiscard.

1776. — L'évêque de Sénez, ci-devant chanoine de Noyon, donne dans l'église St-Fursy de Péronne la confirmation à mille personnes, chargé de ce soin par l'évêque de Noyon, de Broglie alors absent de son diocèse.

1804. — Décès de Mgr Clausel, évêque d'Amiens, de Beauvais et de Noyon, baron de l'Empire.

1826. — La ville de Noyon est autorisée à faire démolir ses remparts et à former sur leur emplacement un boulevard de trente mètres de largeur.

20 Mai.

1202. — Prestation de serment de fidélité par Renaud Liénar, maire de Noyon, et par les jurés de la commune à l'évêque Pierre de Ferrières. Le prélat promet de respecter les privilèges des habitants.

1638. — Transaction entre l'échevinage de Noyon et Charles de l'Aubépine, abbé commendataire de Saint-Eloi, par laquelle les échevins cèdent aux Bénédictins une partie des fossés depuis le ravelin Dame-Journe jusqu'à la rivière Maderet, pour y bâtir leur couvent.

1781. — Date du premier acte de l'étude de Mᵉ Fagnet, créée d'office à Ribécourt. Une ordonnance du 10 janvier 1821 fixe à trois le nombre des notaires du canton de Ribécourt, en résidence un au chef-lieu, un à Cariepont et un autre à Machemont.

1861. — Bénédiction de la maison d'école dirigée par les Frères de la doctrine chrétienne, à Noyon.

21 Mai.

1435. — Déclaration du roi Philippe de Valois, en faveur de l'Université de Paris, à la rédaction de laquelle prend part messire Guillaume de Noyon, chevalier.

1521. — Jean Calvin est nommé chapelain de la Gésine, chapelle située dans la cathédrale de Noyon. Il était âgé de onze ans.

1643. — Sentence rendue par la chambre des requêtes du palais condamnant les religieuses de l'Abbaye-au-Bois à payer les redevances dues au chapitre de Nesle et aux chapelains du château pour leurs biens situés dans le Vermandois.

1706. — Vente par Pierre de Saint-André à Thomas Rivié, de la terre, baronnie et chatellenie de Ressons-sur-Matz, consistant en toute justice, greffe, mesurage de grains, champarts, vinages, en deux cents arpents de bois, en douze pièces de terre, en vingt arpents de prés, moulins à eau et à vent, droits de foires et marchés, etc., moyennant le prix de soixante-quatre mille cinq cents livres.

1790. — Testament de M. Pierre-Nicolas Lefebvre, curé de la paroisse de la rue d'Orroire faubourg de Noyon.

« Je désire, dit-il, que mon corps soit enterré dans mon église paroissiale dudit, rue d'Orroire, au pied de l'autel de saint Lambert, afin que mes cendres soient mêlées avec celles de ma mère. Je prie mon exécuteur testamentaire cy après nommé d'en obtenir la permission de qui il appartiendra. Si mon exécuteur testamentaire prévoyait qu'il fût aisé de l'obtenir il supplierait le Chapitre de venir lever mon corps à la porte de l'église des religieux bénédictins de Saint-Eloy, où il serait encore sur ma paroisse, pour être porté en l'église cathédrale où on l'aurait pris. J'ai confiance que mes paroissiens se porteront volontiers de mon presbytère à Saint-Eloy et du dit Saint-Eloy à ma paroisse. »

22 Mai.

1406. — Les échevins de Noyon réunis à la la Chambre de ville décident de mettre les fortifications en état de défense; ils nomment une commission de trois membres pour visiter les portes, les ponts et les autres ouvrages.

1641. — Concordat passé entre l'évêque de Noyon, Henri de Baradat, et l'abbé commendataire de Ham, le cardinal de Richelieu, au sujet de la réforme des religieux attachés à la congrégation de France, des chanoines réguliers de saint Augustin ou Génovéfains.

1785. — Deux chanoines de Noyon, Foucreau et leur sœur fondent neuf bourses, en faveur des écoliers, par un acte passé chez Me Huchez, notaire royal.

23 Mai.

1180. — Charte datée de Senlis par laquelle le roi Philippe-Auguste prend sous sa protection le nouvel hôpital construit par les habitants de Noyon, et le vieil hôpital qui a été réuni au nouveau.

1218. — Philippe-Auguste étant à Compiègne, conformément à une charte d'Etienne, évêque de Noyon, et à la demande de Gui, fils de Jean, châtelain de Noyon, confirme la vente d'une portion de bois que ce châtelain avait faite aux religieux d'Ourscamp, dans la forêt de Laigue.

1475. — Les reliques de saint Florent ayant été découvertes au village de Beuvraignes sont amenées à Mortemer, de là à Cressonsac, puis transportées à la chartreuse du Mont-Renaud, enfin à la cathédrale de Noyon, où un procès-verbal fut dressé par Guillaume Marafin, en présence du roi Louis XI.

24 Mai.

714 — Mort au monastère de Brétigny du moine Hubert qui fut inhumé dans l'église; il

fut, plus tard, canonisé et devint Saint-Hubert, en vénération à Bretigny. Le 30 mai de chaque année, a lieu un pélérinage au *grès de Saint-Hubert* et à la fontaine.

1430. — Jeanne d'Arc, après l'affaire de Pont-l'Evêque, s'enferme dans Compiègne. Etant sortie de cette ville pour attaquer les bourguignons, elle est faite prisonnière.

1553. — Mort du vicaire Calvin, curé de Tracy-le-Val; il fut inhumé dans l'église paroissiale.

1567. — Décès de dame Antoinette de Canny, douairière des seigneuries de Varesnes, Baboeuf, Mondescourt, etc... inhumée dans la chapelle de la vierge de l'église de Varesnes.

25 Mai.

1223. — Par une charte donnée à Noyon, le roi Philippe-Auguste confirme la sentence arbitrale que Guillaume, archevêque de Reims, Milo, évêque de Beauvais, Guérin, évêque de Senlis, avaient prononcée à Noyon, en présence du roi, le jour de Saint-Urbain, pour régler les différents qui existaient entre Gérard, évêque, le doyen et le chapitre de Noyon, d'une part, le maire et les jurés de la commune de Noyon, d'autre part. Le roi étant encore à Noyon, donne son consentement à un traité fait entre Elisabeth, comtesse de Saint-Paul, et Guy de Chatillon, son fils.

1352. — Décès de Jehan de Neele, seigneur d'Offémont et de Thourotte; il fut inhumé dans l'abbaye d'Ourscamp, auprès de Marguérite de Mello, sa femme.

1718. — Arrêt du parlement mettant fin à un conflit soulevé entre l'évêque de Noyon et les chanoines de la Collégiale de Saint-Quentin, diocèse de Noyon.

1821. — La duchesse de Berry accompagnée de l'évêque d'Amiens et des dames d'honneur, de la comtesse d'Hautefort et de la duchesse de Reggio, assiste à la cérémonie du couronnement de la Rosière, à Salency. La Rosière était conduite par Charlotte de Devise et par son frère Jules de Devise, garde du corps du roi.

26 Mai.

1246. — Isabelle de Thourotte, abbesse d'O-rigny-Ste-Benoite, fait la translation des reliques de Sainte-Bénoite dans une riche châsse. Elle reçut dans son abbaye le roi Saint-Louis, en 1257, alors qu'il venait de Saint-Quentin.

1369. — Raoul de Foucaucourt, capitaine, du château de Choisy-au-Bac donne quittance au receveur général dans le diocèse de Noyon, de l'aide levée pour la défense du royaume, s'élevant à vingt-six florins, pour sa solde.

1490. — Translation du reliquaire de Sainte-Anne, du château de Carlepont à l'abbaye d'Ourscamps, en présence de l'évêque, du curé de Sainte-Godeberthe, des chanoines, des curés de Carlepont, Tracy, Pimprez et Chiry.

1531. — Mort de Gérard Cauvin, père de Calvin. Il avait encouru les censures ecclésiastiques, mais son fils Charles, s'était fait subroger à son père. Gérard reçut l'absolution de ses censures et la sépulture chrétienne.

1532. — Jean de Hangest fait signifier au chapitre de Noyon qu'il fera son entrée dans la ville épiscopale, le jeudi, après le dimanche de la Passion. Ce jour-là eut lieu la cérémonie d'après les anciens usages. Parmi les assistants on remarquait les seigneurs de Humières, de Canny, de Nesle, de Jacques Grouchet, lieutenant de Noyon et autres personnages marquants.

1871. — Le maire de Noyon reçoit une dépêche du préfet de l'Oise demandant des pompiers de bonne volonté pour aller à Paris, contribuer à éteindre les nombreux incendies allumés par la Commune. Huit pompiers et deux pompes de Noyon, partent par le train de 2 heures 40 m. et rentrent le 31.

27 Mai.

1564. — Mort à Genève de Jean Calvin, célèbre réformateur, âgé de cinquante cinq ans étant né à Pont-l'Evêque le 10 juillet 1509.

1676. Les ennemis pénétrent dans le noyonnais, ils incendient et pillent les villages d'Athies, de Beaulieu-les-Fontaines, de Béthencourt et autres. Ces communes avaient déjà éprouvé des désastres en 1653, occasionnés par les troupes du prince de Condé, frondeur.

1793. — Publication à Noyon par les membres du directoire du district, de l'arrêté du département de l'Oise du 24, fixant le maximum du prix des grains sur les marchés de Noyon, d'Attichy et de Ressons-sur-Matz.

1832. — Le choléra se déclare dans la ville de Noyon, fait vingt-huit victimes et ne quitte la ville que vers la fin de septembre.

1871. — Séance du Conseil municipal de Noyon dans laquelle est adopté un réglement intérieur en trente articles concernant la convocation, la présidence, le secrétaire, la tenue des séances du conseil etc. Ce réglement a été imprimé.

28 Mai.

1242. — Sentence arbitrale donnant gain de cause aux chanoines de Noyon contre Bernard de Vignemont, au sujet d'une masure sise à Cannectancourt et qui avait appartenu à Thomas Havart.

1438. — En raison de la disette affreuse qui afflige le noyonnais, les membres de la chambre de Noyon décident que « chascun jour on « achetteroit pour le povre peuple ung muy de « blé et ung muy davaine que on fera mouldre « au moment que on vouldra faire le meilleur « marchiet. »

1484. — Procession générale faite à Noyon, à l'occasion du sacre du roi Charles VII, dans la cathédrale de Reims.

1640. — Le roi Louis XIII vient au château de Varesnes et y reste jusqu'au 13 juin. Il envoie un de ses officiers présider la cérémonie du couronnement de la Rosière, et donne une bague en argent à l'héroïne du jour.

1681. — François de Clermont-Tonnerre, évêque de Noyon, par une ordonnance datée de son palais épiscopal, autorise les sœurs de la Croix de Saint-Quentin à poser des croix dans les lieux de leur maison en dedans ou en dehors, comme elles le jugeraient convenable, à la condition que ces figures ne s'élèvent que de deux pieds seulement. L'échevinage de St-Quentin s'opposait à ce qu'une croix fut placée sur la porte extérieure du couvent.

1876. — Ouverture du grand prix d'arc offert par la ville de Noyon aux sociétés de la contrée. 85 compagnies étaient représentées; à la procession traditionnelle, après la messe, il y avait plus de 1,200 archers. Les prix dépassent le

chiffre de 5,000 fr. Les *cartes d'essai* furent
remportées par les compagnies de Commenchon et Salency. La partie du *rin du jardin* a
été gagnée par la compagnie de Mareuil-la-
Motte contre celle de Monchy-Humières.

29 Mai.

1557. — Décès d'Antoine Charmolue, doyen
du chapitre de Noyon pendant vingt sept ans.
Il fut inhumé dans la nef de la cathédrale,
près de l'autel de Saint-Eloi.

1640. — Edit du roi Louis XIII, daté du château de Varesnes, portant prorogation du délai
accordé pour l'exposition des monnaies d'or
décriées par une déclaration du 31 mars précédent.

1683. — Lettres de *Committimus* adressées
par le roi Louis XIV au lieutenant général de
St-Quentin, Chauny et Noyon, ainsi conçues :
« Nous vous mandons à la requête de notre
procureur général au parlement, poursuite et
diligence mettre à entière exécution l'arrêt du
parlement du 21 mai sous notre contre-scel,
concernant les sœurs de la Croix établies à
Chauny, Noyon et Saint-Quentin.

1728. — Déclaration des biens de la cure de
Vienlaines, faite par le titulaire Nicolas Dumet,
nommé par Charles-François de Chateauneuf
de Rochebonne, évêque de Noyon.

1747. — Contestations survenues entre la
compagnie de l'arquebuse de Noyon et la milice
de la même ville pour la préséance. L'échevinage publie une ordonnance décidant que les
arquebusiers composés de l'élite de la population, aurait le pas sur les compagnies de milice.

1779. — Un incendie se déclare dans la paroisse de Beaulieu-les-Fontaines et consume
quarante huit habitations Beaucoup de bestiaux périrent.

1791. — L'état des biens des Ursulines de
Noyon déposé au directoire du district, s'élève
à sept cent trente sept setiers de blé, formant
un total, en argent, de sept cent soixante-dix
livres.

30 Mai.

1477. — La cour du parlement de Paris se
rendant à Noyon pour juger le duc de Nemours,

« et y furent portés les tapis de fleurs de lys, avec le lict de justice, estant en coffre en la chambre des requestres. » Les membres du parlement logent à l'évêché ; Jacques d'Armagnac est condamné à la peine capitale, il est exécuté à Paris.

1497. — Un service solennel est célébré dans la cathédrale de Noyon pour le repos de l'âme du roi Charles VIII décédé subitement au château d'Amboise, le 7 avril.

1557. — Lettres du roi Henri II au chapitre de Noyon, concernant l'élection d'un doyen. Le roi engage les chanoines à surseoir au choix d'un doyen, néanmoins ils nomment Raoul Tabary, docteur en théologie.

31 Mai.

1800. — André Duval, de Maucourt, publie la vie de saint Gilles, patron de la paroisse de Maucourt ; les reliques de ce saint, apportées en 1533 par Jean de Canny, seigneur de Bugny, reposent dans l'église. Cet ouvrage fut imprimé à Noyon chez M. Amoudry, imprimeur, rue du Nord.

1er Juin.

987. — La reconnaissance officielle de Hugues-Capet, comme roi de France, a lieu dans la cathédrale de Noyon ; il avait été proclamé à Senlis et fut sacré à Reims.

1330. — Foucault de Rochechouart, évêque de Noyon, par une charte donnée en son château de Mauconseil, accorde aux chartreux du Mont-Renaud l'amortissement de dix-huit setiers de terre à acquérir dans les seigneuries de l'évêché de Noyon.

1666. — Antoine de Montguiot, chevalier, seigneur de Vaucourtois, Cambronne, Béthancourt, etc , fait foi et hommage au seigneur de Varesnes pour le fief et la terre de Cambronne, qu'il avait hérités de son père, Jacques de Montguiot.

1672. — François de Clermont-Tonnerre, par la grâce de Dieu, évêque, comte de Noyon, pair de France, permet à des Filles de la Croix de Chauny, d'aller à Saint-Quentin pour s'y établir dans la paroisse Notre-Dame et y vaquer, selon leur institut, à l'instruction de la jeunesse de leur sexe et aux autres exercices de piété chrétienne qu'elles ont coutume de pratiquer.

1832. — La commune de Caisnes est envahie par le choléra, qui jusqu'au 25 juillet, fait vingt-quatre victimes.

1835. — Ouverture de la cour d'assises de l'Oise ; la femme Lefèvre est condamnée aux travaux forcés à perpétuité, pour crime d'incendie commis dans la commune de Suzoy.

2 Juin.

1432. — Le chapitre de Noyon, décide d'envoyer Jean Cidemure, chanoine, comme député pour assister au concile de Bâle.

1777. — Fête de la rosière, à Salency, à laquelle assistent le maréchal de Broglie, sa femme, leurs fils et le comte de Lameth. Le comte de Revel et la comtesse de Lameth, donnèrent la main à la rosière tout le temps de la cérémonie.

1828. — Ordonnance royale qui érige l'église de Morlincourt en chapelle vicariale.

1853. — Le directeur des frères des écoles chrétiennes de Noyon ouvre une souscription, à l'effet de racheter les bâtiments de l'ancien collège contigu à la maison des Frères.

3 Juin.

1175. — Ordre du pape Alexandre III à l'évêque de Noyon et au doyen de Saint-Quentin, les invitant à découvrir la vérité sur une plainte d'usure et de déloyauté portée par l'abbé de Saint-Nicolas-des-Prés de Ribemont.

1458. — Bertrand du Quesnoy vend à Pierre de l'Ortie, seigneur de Genvry, un fief situé à Chigny, Genvry et aux environs. Pierre, avec sa femme Isabelle, donnent à la confrérie des joies de Noyon, un fief sis à Catigny, pour la célébration de messes à leur intention.

1497. — Le chapitre de Noyon permet au roi des vicaires appelé *roi des fous*, et à ses compagnons, de faire leurs divertissements et leurs bouffonneries, la veille de l'Epiphanie, pourvu qu'ils ne chantent point de chansons profanes, et que l'office n'en souffre aucun préjudice.

1640. — L'archidiacre de la cathédrale de Noyon se rend au château de Varesnes, offrir au roi Louis XIII, des reliques de sainte Godeberthe.

4 Juin.

1419. — Dénombrement de la seigneurie de Saleucy fait par Faulques de Margival, écuyer, seigneur de Vieulaines, à noble homme Antoine de Semente, seigneur de Béhéricourt et de Quescamps.

1462. — Arrêt de la cour du Parlement confirmant a la cathédrale de Noyon, la possession du corps de Saint-Eloi, à l'exclusion des religieux du couvent de Saint-Eloi de cette ville.

1732. — Lettres-patentes données au sieur de Crozat le subrogeant à de Caignart, seigneur de Marcy, pour la construction du canal devant joindre la Somme à l'Oise.

1795. — La cathédrale de Noyon est rendue au culte; le peuple se porte en foule à l'église; deux grandes messes sont chantées par des anciens chanoines.

1793. — Un soldat insulte grossièrement un officier municipal du Noyonnais et la municipalité toute entière. On décide que l'on écrira au ministre pour demander la punition de cet homme.

1878. — Funérailles du capitaine Théophile de Carbonnel de Noyon, officier en retraite, chevalier de la Légion d'honneur, médaillé de Sainte-Hélène, au milieu d'un nombreux concours d'assistants.

5 Juin.

1553. — Siège de Thérouane pendant lequel meurt le comte de Rœux, comme l'avait prédit, quarante jours auparavant, Charles Bovilles, chanoine de Noyon.

1492. — Commencement des travaux d'une fontaine élevée dans la ville de Noyon, au-devant du beffroi, par frère Jean Tierselin des Célestins de Soissons, fontainier. Les travaux furent terminés l'année suivante et coutèrent près de mille tournois.

1692. — Au sujet de la prise de Namur, l'évêque de Noyon, François de Clermont, adresse au roi une lettre de félicitations.

1745. — Naissance à Ham de Claude Thuet, qui fut prêtre du diocèse de Noyon, et premier vicaire de Saint-Médard de Paris. Il mourut en 1785, laissant plusieurs ouvrages de théologie.

1857. — Mort de Louis Graves, secrétaire général de l'Oise, et l'auteur des Précis statistiques sur chacun des cantons du département. Une inscription gravée sur un monument élevé à sa mémoire, dans le cimetière de Beauvais, s'exprime ainsi :

Le département de l'Oise.
Etait pour lui une seconde patrie.
Nul ne l'a mieux connu.
Plus aimé,
Mieux servi,
Le Conseil général de l'Oise.
Organe des sentiments unanimes du département.
Dont Louis Graves a emporté, en mourant
La haute estime,
Et l'affectueuse reconnaissance,
Lui a élevé ce monument.
Priez Dieu pour lui.

1629. — L'évêque de Noyon, Henri de Baradat, fait en grande pompe la dédicace de la chapelle des pères capucins de Péronne.

6 Juin.

1616. — Lettres-patentes érigeant en marquisat la terre de Varesnes, en faveur de Louis Barbançon, seigneur de Canny, Babœuf, Mondescourt, Appilly, Morlincourt, Pontoise et Couarcy.

1767. — Naissance à Guiscard de Florent-Constant Bourgeois, fils d'un tabellion du marquisat. Il manifesta de bonne heure du goût pour la peinture ; après ses études faites au collège de Compiègne, il se livra à ses goûts favoris et devint un des peintres paysagistes les plus célèbres. Ses dessins en lavis sont notamment recommandables. Bourgeois fut décoré de la Légion d'honneur et mourut en 1841, laissant un fils qui avait aussi un grand talent comme peintre mais qui mourut jeune.

7 Juin.

1387. — Arrêt du Parlement qui condamne le Chapitre de Noyon et huit curés, à contribuer aux réparations des fortifications de la ville et aux gages du capitaine-gouverneur.

1623. — L'évêque de Noyon, Charles de Balzac, étant à Péronne, donne les ordres sacrés dans une paroisse de la ville.

1652. — Election par les chanoines de Noyon de Nicolas de la Haye, comme doyen du Chapitre, sur la désignation de son oncle. Il est installé le 21 suivant.

1739 — Mandement de l'évêque de Noyon ordonnant de chanter un *Te Deum* en actions de grâces, pour la publication de la paix.

1799. — Mariage de Pierre-Laurent Mégret de Devise, fils de Mégret de Méricourt-Devise, avec Charlotte Danré, héritière du domaine de Salency.

8 Juin.

1433. — Il est accordé aux arbalétriers de Noyon, un muid de vin estimé huit livres, pour les aider à faire les dépenses occasionnées par leur fête.

1561. — On brûle sur la place du marché d'Amiens, les traités de Calvin et d'autres livres saisis chez des protestants. Pour cet autodafé l'exécuteur des hautes œuvres toucha cent sols.

1766. — Le Pelletier de Morfontaine, intendant de la généralité de Soissons, assiste à Salency, au couronnement de la rosière. Il assigne une rente perpétuelle de cent vingt livres à chaque rosière.

1776. — Discours prononcé le jour de la fête de la rosière de Salency, par M⁰ Lecuy, docteur en Sorbonne, prieur du collège des Prémontrés. La rosière était alors Marie-Anne Poulet, fille de Médard Poulet et de Marie-Anne Sézille.

1791. — Une épidémie de fièvre putride (typhoïde) se déclare dans la commune de Dreslincourt, atteint cent cinquante habitants et fait trente victimes.

1867. — Mort du baron De la Fons de Mélicocq, auteur de plusieurs ouvrages entre autres : *Noyon et le Noyonnais, Flore des environs de Noyon*, etc.

9 Juin.

1317. — Ondars, chatelain de Ham, et Isabelle de Heilly, sa femme, vendent à l'évêché de Noyon, la moitié des dîmes de Douilly et de ses hameaux de Margères et de Forêt.

1787. — Edit royal créant une assemblée municipale dans la commune de Bailly, de l'élection de Noyon.

10 Juin.

1418. — La ville de Noyon fait présent au sieur de Hangest-Genlis, capitaine-gouverneur, de deux tonneaux de vin, de six mines d'avoine et d'autres denrées. L'année suivante, elle offre à la femme du capitaine *un joyau d'argent*.

1707. — Transaction passée entre les archers de Noyon et l'administration des aides, au sujet de pots de vin dus à la compagnie qui accepte cent livres de rente annuelle, en remplacement des pots de vin. Cette transaction met fin aux difficultés qui s'élevaient souvent entre les préposés des aydes et les archers, comme en 1642 et en 1687.

11 Juin.

1506 — Les chanoines de Noyon font défense au *roi des fous* nommé par les sous-diacres, de paraître au chœur pendant l'office, en habits royaux, mais seulement en costume d'église.

1617. — Décès de messire Antoine de la Viefville, chevalier, seigneur d'Orvillers. Il fut inhumé dans l'église paroissiale, près de sa femme Marie de Belloy.

12 Juin.

1497. — A cause de la maladie épidémique qui règne à Noyon, le chapitre dispense les fidèles d'assister aux offices.

1596. — Vente faite aux religieux du Mont-Renaud par les frères Charles, Antoine et Jean Calvin, de huit setiers de terre au terroir de Dives-le-Franc, faisant partie des biens provenant de la succession de Gérard Calvin et Jeanne Le Franc, les père et mère.

1555. — Charte du roi Henri II autorisant la ville de Chauny à percevoir certains droits d'octroi, pour faciliter la construction d'un nouveau pont sur la rivière d'Oise.

1577. — La duchesse de Montmorency passant à Noyon, le chapitre lui offre le pain et le vin. Le docteur Gilles Pernelles lui fit une harangue.

1769. — Sentence du bailliage de Noyon confirmée par arrêt du parlement, qui décide que les servantes sont aptes à recevoir des legs.

Cette sentence est intervenue entre les héritiers du prêtre Antoine Martinet, chapelain de la cathédrale, et Anne Caron qui était au service du curé, depuis vingt ans, et à laquelle il avait laissé son mobilier avec le tiers de ses immeubles.

13 Juin.

1752. — Il est dressé au greffe de la subdélégation de Noyon, un procès-verbal de vérification des arbres plantés sur la route de Béthancourt, depuis le pont du Matz jusqu'au pont de l'étang, par l'abbé de Pomponne, seigneur, haut justicier de Béthancourt, pour le compte de l'abbaye Saint-Médard de Soissons.

1839. — Un orage épouvantable accompagné d'une grêle abondante cause de grands ravages dans les communes de Dives, Lassigny, Lagny, Catigny, Campagne, Frétoy, Muirancourt, Guiscard, Flavy et autres. Les habitants sont dans la désolation. Les neuf dixièmes des récoltes sont perdues. A Flavy-le-Meldeux, les pertes furent évaluées à soixante-dix mille francs. Les grêlons étaient de la grosseur d'une noix. La direction de l'orage était de l'ouest au nord.

14 Juin.

1791. — Premier baptême donné par Etienne Moranvillé, curé de Ressons. Il chanta sa première messe sur un autel dressé sur la place ; il fallait gravir trente marches pour y parvenir. On apercevait cet autel des montagnes de Ricquebourg et de Laberlière.

1881. — Mort à Guise (Aisne), du docteur Achille Peigné-Delacourt, ancien directeur de la manufacture d'Ourscamp, archéologue distingué, auteur d'un grand nombre d'ouvrages. Il publia des recherches sur les Sylvanectes, les Bellovaques, les Normands dans le Noyonnais, le théâtre de Champlieu.... enfin le cartulaire et l'histoire de l'abbaye d'Ourscamp. Peigné-Delacourt habita aussi Ribécourt.

15 Juin.

1276. — Gaultier Bardins, bailli de Vermandois, transmet aux maires de Noyon, de Chauny, de Compiègne... l'ordre d'envoyer, à leurs frais, un certain nombre de sergents, à Troyes, où le roi devait se rendre pour l'octave de la Nativité de la vierge.

1408. — Un accord intervient entre les officiers de l'évêque de Noyon, le maire et les jurés de la ville, au sujet des filles de joie. Elles devaient être condamnées à l'amende toutes les fois qu'elles enfreindraient les règlements les concernant.

1465. — La forteresse de Beaulieu-les-Fontaines est attaquée par le duc de Bourgogne qui s'en empare le 24, et la fait démolir.

1492. — Maître Raoul d'Ailly, archidiacre de l'évêque de Noyon, achète à Charles d'Ailly, vicaire d'Amiens, la maison de la *Monoye*, séant à Amiens.

1732. — Claude de Rouvroy de Saint-Simon est sacré évêque de Noyon, dans l'église des Jacobins de Paris, par l'archevêque de Rouen, assisté des évêques d'Uzès et de Bayeux.

1781. — Assassinat commis par une fermière des environs de Noyon condamnée à être pendue et brûlée vive, et ses deux fils, ses complices, à être pendus vifs.

16 Juin.

1379. — Jean Coquel, receveur des aides à Noyon va à Paris porter le montant de ses recettes, et touche pour ses frais de voyage et ceux du voiturier la somme de huit livres que lui délivre le sire de Chevreuse, maître de l'hôtel du roi.

Recette et frais de voyage de Noyon à Paris, de Jean Coquel, receveur des aides à Noyon. « Sachent tous que au commandement de nous, Pierre, sire de Chevreuse, chevalier, maître de l'ostel du roy nostre sire et ordonné sur le fait la distribution des deniers des aides des diocèses de Noyon et Beauvais, Jean Coquel, receveur d'iceux aides à Noyon, a apporté à Paris des deniers de sa recette et baillé à maistre Nicolas Martin, maistre de la chambre aux deniers du roy, comme par sa quittance donnée le 15e jour de juin l'an MCCCLXXIX nous est apparu, la somme de onze cent quatre-vingt livres parisis... auquel Jean Coquel nous avons taxé pour les dépenses de luy, son varlet et ses deux chevaux pour cinq jours qu'il a vaqué audit voiage venant à Paris et retournant à Noyon, xvi sols par jour, outre ses gages ordinaires iiii livres parisis. Et pour les dépenses de Jehan de Verdun et de son cheval que le receveur a amené avec lui par ces cinq jours, pour plus sûrement conduire ses deniers, vIII sols parisis. Et pour le loyer du cheval que ledit Jehan de Verdun a chevauché par ces cinq jours, trois sols parisis par jour. Et pour les dépenses et salaire de Jehan de Robais, voiturier, qui sur son cheval apporta à Paris les deniers dessus dits par marché fait avec lui XXXII sols parisis. Monte ladite dépense taxée et taxons pour le voyage, huit livres, sept sols parisis. »

1407. — Jean Lefebvre, abbé de Saint-Barthélemy, de Noyon, demande au conseil de ville, l'autorisation de faire fortifier l'abbaye dans le cas où cela ne serait pas préjudiciable à la ville.

1466. — Dénombrement du fief de la mairie de Genvry qui appartenait à l'Hôtel-Dieu de Noyon, et qui mouvait de la chatellerie de Ham.

1607. — Lendemain de la Pentecôte, la foudre tombe sur Adam Bernard, meunier à Savy, qui malgré le jour férié travaillait à son moulin.

17 Juin.

1625. — Levée du régiment de Blérancourt par Bernard Potier de Gèvres, seigneur de Blérancourt. Ce régiment tint garnison à Péronne et fut licencié en 1635.

18 Juin.

1429. — Le corps de ville de Noyon décide que pendant la durée de la fête de Saint-Eloi, le guet ne laissera pénétrer personne, à Noyon, portant un bâton ou autres armes à feu.

1511. — Dénombrement du fief de la mairie de Denicourt fait à l'évêque de Noyon, Charles de Hangest, par Jacques Lelièvre, tuteur de Jacques de Hacqueville, seigneur d'Avricourt.

1512. — Mandement adressé au chapitre de Noyon demandant des prières pour le roi Louis XII.

1592. — Baptême dans l'église Saint-Maurice, à Noyon, de Jacques Sarrazin, célèbre sculpteur. L'acte baptistère est ainsi rédigé : — « 1592. Le 18ᵉ de juin fust baptisé Jacques, fils « de Artus Sarrazin et de sa femme. Furent « ses parrain et marraine Robert Le Febure et « Jehanne Harlé la josne (la jeune) ».

19 Juin.

1419. — Décision de l'échevinage de Noyon par laquelle les habitants qui ne feront pas le guet, sans raison valable, seront condamnés à l'amende et à la prison.

1421. — L'échevinage de Noyon ordonne de tendre dans la rue Saint-Eloi, la chaîne qui se trouve au-devant de la maison Hudebert. Il décide, en outre, que les archers de la ville recevront pour leur fête une somme de huit livres, mais pour cette fois seulement.

1579. — La population du village de Cuts est décimée par la peste qui règne aussi dans les paroisses de Choisy, Manicamp, Bretigny, etc. Des cadavres gisent sans sépulture dans les champs. La foire de Saint-Eloi, à Noyon, n'eut pas lieu cette année-là.

1595. — Le chapitre de Noyon décide qu'à une heure de l'après-midi, tous les chanoines prêteraient le serment de fidélité au roi Henri IV.

1790. — Règlement pour l'organisation de la garde nationale de Noyon arrêté à la chambre commune.

20 Juin.

1319. — Sentence d'absolution rendue par l'officialité de Noyon au profit d'Hesselin, maire de Chauny qui avait fait emprisonner un clerc, et qui pour ce méfait avait encouru la peine d'excommunication.

1477. — Le Parlement de Paris est convoqué dans la ville de Noyon pour y juger Jacques d'Armagnac, duc de Nemours. Le chapitre offre à Pierre d'Auriole, chancelier de France, deux muids de vin et lui prête les livres de droit qui se trouvaient dans sa bibliothèque.

1678. — Les Ursulines de Noyon achètent de Hilaire du Bois de Chauny le fief de Thiébauville, comprenant des terres sises à Campagne et à Frétoy-le-Château.

1769. — Arrêt du conseil d'Etat qui casse une sentence de l'élection de Noyon, du 17 mai, par laquelle les orfèvres de cette ville auraient été affranchis de la marque et du contrôle sur les ouvrages d'or et d'argent, et qui condamne la communauté d'orfèvres de Noyon, à la moitié des frais et aux dépens faits par l'élection de cette ville.

1774. — Sentence du bailliage de Chauny condamnant le seigneur de Salency, Danré, à céder et abandonner aux Moutoiliers, la propriété et jouissance d'une partie du pré de la Moutoile dont il s'était emparé, attendu qu'il n'avait pas de charrue, qu'il ne faisait pas labourer avec ses chevaux. Cette sentence fut signifiée au seigneur le 22 juin.

1802. — M. Villaret, évêque d'Amiens, de Beauvais et de Noyon, prête serment de fidélité, dans les termes du concordat.

21 Juin.

1793. — Le journal de Marat publie l'article suivant daté de Noyon : « Il y a à Noyon cent Prussiens prisonniers très vigoureux, envoyés dans la ville quelques jours avant la trahison de Dumouriez ; ils y ont été reçus avec joie et ils y sont traités avec des attentions extraordinaires. Ce poste avancé, cette garnison prussienne que l'on peut armer à l'instant, a-t-elle été placée par Lebrun (Tondu) ayant alors le portefeuille de la guerre et natif de Noyon, par le ci-devant duc d'Aumont, président du district de Noyon ; par Missemy ci-devant dans la garde parisienne, commandant général de celle du district de Noyon, ou a-t-elle été appelée par tous les trois ?

« Est-ce aussi le même esprit qui a éteint dans cette ville la société populaire et qui maintenant rend l'administration morte à la liberté, tandis que le peuple est dans les meilleurs sentiments. »

22 Juin.

1644. — Sentence du bailliage de Noyon rendue en faveur de Jean Grouchet, seigneur de Genvry et les habitants, contre Florent de Festard, sieur d'Hardiville, hameau dépendant de la paroisse de Genvry.

1766. — Charles de Broglie né le 18 novembre 1733, au château de Broglie, près d'Evreux, est sacré évêque de Noyon dans l'église des Grands-Augustins de Paris par l'archevêque de Reims dont il était le vicaire général, assisté des évêques d'Angoulême et de Chalons-sur-Marne.

1793. — Décret d'arrestation lancé contre Lebrun-Tondu natif de Noyon et ministre des affaires étrangères.

1862. — Pétition adressée au conseil municipal de Noyon par H. Billet, chef d'institution, au sujet de l'acquisition de l'immeuble de Saint-Barthélemy, par les religieuses de Saint-Thomas de Villeneuve, projet qui reçut son exécution.

23 Juin.

1782. — L'abbé Racine, curé de Lagny, institue pour son légataire universel, Jacques-Michel Coupé, curé de Sermaize ; ce fameux conventionnel qui vota la mort de Louis XVI et qui mourut dans l'abandon et la misère. Il avait été proposé par l'évêque de Noyon à la municipalité de Saint-Quentin pour être principal du collège de cette ville, (1773).

24 Juin.

1396. — Lettres du roi Charles VI transférant à Compiègne le grenier à sel existant à Noyon.

1430. — L'échevinage de Noyon accorde à Valeran de Moreuil un demi-tonneau de vin en reconnaissance de ce que depuis que le château de Dive est sous ses ordres, les gens d'armes n'ont commis aucun égard dans le Noyonnais.

1708. — Le marquis de Guiscard, Louis, reçoit à foi et hommage messire François Danré, seigneur de Salency, pour les fiefs relevant de Chauny et Guiscard, comme seigneur incommutable de Chauny, Frières, Coudren, etc.

1791. — Le prêtre Pilon, signe comme curé de l'église Saint-Maurice de Noyon, le dernier acte sur le registre aux naissances, baptême et décès de sa paroisse.

1848. — Un détachement de la garde nationale de Noyon, sous la conduite du capitaine de Carbonnel, se rend à Paris pour combattre l'insurrection.

1880. — Fête du deuxième centenaire de J.-B. de la Salle, fondateur de l'ordre des Frères de la doctrine chrétienne, célébrée avec solennité à l'école des Frères de Noyon.

25 Juin.

457. — Translation des reliques de Saint-Eloi dans une plus belle châsse, faite par Samson, archevêque de Reims, en présence des

évêques de Noyon, de Beauvais, d'Amiens, d'Arras, d'Albéric de Roye et des chapitres de Nesle et de Roye.

864. — Capitulaire de Charles-le-Chauve recommandant de poursuivre vigoureusement les Normands qui, en 857, avaient dévasté Noyon et le Noyonnais.

1417. — Exécution du mandement obligeant les chanoines de Noyon à monter la garde et à payer la sixième partie des dépenses faites pour réparer les fortifications de la ville.

1419. — Vingt-sept pots de vin sont distribués par l'échevinage aux compagnies d'hommes d'armes qui montaient la garde, durant la fête de Saint-Eloi, à Noyon.

1686. — Charles de Hautefort de Champien, épouse Anne Louise d'Humières, fille du gouverneur de Compiègne et devint ainsi seigneur de Béhéricourt.

1793. — Lettre envoyée de Noyon au citoyen Marat et insérée dans le *Plubiciste* du 1er juillet : Citoyen Marat, la fermeté avec laquelle vous combattez le despotisme me fait croire que vous voudrez bien entendre les observations d'un vrai républicain, relativement aux prisonniers prussiens qui sont à Noyon ; mais je vois avec douleur l'accueil qu'on fait chaque jour à ces hommes qui, au fond, sont nos ennemis ; les aristocrates dont Noyon fourmille les fêtent tour à tour, louent leur maintien, leur tournure.

Dans ces temps de crise, tandis que les bons citoyens s'occupent à déjouer les complots liberticides des méchants, ces messieurs donnent bal deux ou trois fois la semaine et passent les nuits dans des fêtes bruyantes.

L'échange de ces ennemis est très instant, car ils ont des entrevues avec nos ci-devant chanoines et autres suppôts de l'ancien régime ; ils se serrent la main lorsqu'ils se rencontrent dans les rues.

Depuis deux ans je suis membre de la Société populaire de Noyon : j'ai vu avec peine s'y introduire de faux patriotes qui sont parvenus, par leur astuce, à refroidir ceux dont le patriotisme n'est pas encore bien affermi. La ville de Noyon est si gangrenée d'aristocratie que les signes odieux du royalisme se voient encore partout. La ci-devant cathédrale reste décorée de fleurs de lys. La fontaine de a Place est décorée de deux dauphins qui versent de l'eau. Le beffroi de la ville est surmonté d'une superbe fleur de lys à quatre branches. La plupart des officiers municipaux sont patriotes ; réchauffés par quelques bons écrits, ils se piqueraient d'honneur et éviteraient de nouveaux reproches.

Tenez ferme vous et vos collègues de la Montagne qui a purgé la convention des traîtres qui l'avaient paralysée et qui voulaient perdre la République.

Signé : Le républicain *Hennon*.

1838. — Ordonnance royale réglant les alignements de la route de Paris à Saint-Quentin, dans sa traverse de Noyon. Le tracé actuel a été établi vers 1768 ; antérieurement la route passait à l'est du Mont-Renaud et de là au calvaire de Pont-l'Evêque.

26 Juin.

1581. — Une maladie pestilentielle règne à Noyon, l'échevinage fait établir des tentes dans les prés des *Malladeaux* pour y recevoir les pestiférés. On fait, tous les dimanches, des processions solennelles pour éloigner le fléau.

1600. — Henri Charmolue, conseiller du roi, et lieutenant civil à Noyon, rend foi et hommage du fief de la *Porte rouge*, par devant le bailli de l'abbaye de Saint-Corneille de Compiègne.

27 juin.

1465. — A la Chambre communale, le maire de Noyon « a récité et fait ouverture des « moyens pour faire venir la rivière d'Oise « en la ville, au marché aux pourceaulx pour y « faire venir les bateaux suivant les propos « qu'il en avait tenu à monseigneur de Saint- « Germain, commissaire des fortications. »

1483. — Le mayeur de Noyon fait part au Chapitre que, pour ne pas augmenter les causes d'insalubrité dans la ville, il serait convenable que la boucherie fut située hors de la cité. Le Chapitre ayant agréé cette demande, il ordonne que les bêtes seraient tuées au-dessous du moulin d'*Andeu* et que la viande serait vendue près de l'abbaye Saint-Eloi, sous les halles abritées du soleil.

1525. — Gérard Cauvin, père de Calvin, est

admonesté par la Chapitre de Noyon pour n'avoir pas rendu compte de l'exécution testamentaire de deux chapelains.

1794. — Le tribunal révolutionnaire siégeant à Paris, dans la salle de la liberté, condamne à la peine de mort l'abbé Hourdé, ancien curé de Verberie, natif de Soissons. Il fut exécuté le même jour ; ces dernières paroles furent : *Je meurs pour mon Dieu et pour mon roy*. L'abbé est l'auteur de quelques pièces de poésie, entre autres une sur les *dormeurs de Compiègne*.

1827. — Ordonnance royale qui nomme M. Sézille de Biarre, maire de Noyon, en remplacement de M. Devaux, non acceptant ; M. Dervize est nommé adjoint.

28 Juin.

1356. — Charte du cartulaire de l'abbaye St-Eloi de Noyon concernant la terre du Mont-Royal située aux terroirs d'Omiécourt et d'Hyencourt-le-Grand, et sur laquelle le chapitre de Roye avait toute justice et seigneurie, ce que reconnaît le bailli du comte de Boulogne (en 1377), seigneur de Briot.

1528. — Mort au château de Carlepont de Charles 1er de Hangest. C'est ce prélat qui fit reconstruire le corps de logis du château épiscopal. Il fut inhumé dans le chœur de la cathédrale de Noyon sous une tombe en cuivre qui portait ses armes: *d'argent à la croix de gueules, chargée de cinq coquilles d'or*.

1679. — L'évêque Fra... is de Clermont Tonnerre, comte de Noyon, donne son approbation à l'institution des Sœur de la Croix dans la ville de Chauny. Il s'exprime ainsi : « après avoir examiné les règlements et vu la confirmation de notre prédécesseur nous y avons ajouté la nôtre, avec d'autant plus de joie que nous avons été extrêmement édifié et consolé de la modestie, sagesse et capacité desdites filles de la Croix, et des bénédictions que le ciel verse par leurs soins. »

1740. — Naissance de Claude Delettre qui fut vicaire de Bitry-Saint-Pierre. Il fut nommé député du clergé aux états-généraux, en 1789.

1835. — Election d'un conseiller général pour le canton de Noyon. Electeurs inscrits : 110 — Votants 74 — M. Villain obtient 24 suffrages —

de Pommery, de Cuts 24, Mony, maire de Noyon, 14 — au second tour, M. Villain, juge de paix, conseiller d'arrondissement, est élu conseiller général par quarante voix.

1848. — Le Conseil municipal vote des remerciements aux gardes nationaux noyonnais qui sont allés à Paris les 23 et 24 juin, pour aider au rétablissement de l'ordre.

29 Juin.

1319. — Sentence d'absolution rendue par Nicolas, aube official de Noyon, vicaire général de l'évêque de Noyon, au profit d'Hesselin, maire de Chauny, qui avait fait emprisonner un clerc et qui pour cette acte avait encouru la peine de l'excommunication.

1736. — L'évêque de Grimaldi étant au château épiscopal de Carlepont, approuve le rapport portant fixation et réduction des charges, obits et fondations de la confrérie de Notre-Dame-des-Joies.

30 Juin.

1214. — Décès d'Aliénor de Vermandois comtesse de Valois; elle fut inhumée dans l'abbaye de Longpont. Elle donna aux moines d'Ourscamp les terres qu'elle possédait a Waucourt, dépendance de Champien.

1406. — Mariage de Jean, quatrième fils de Charles VI, avec Jacqueline de Bavière; à cette occasion le roi donne six mille livres de rente à prendre sur la recette de Noyon.

1470. — Des feux de joie sont allumés dans les rues de Noyon pour fêter l'heureux accouchement de la reine, au château d'Amboise, d'un fils qui régna sous le nom de Charles VIII.

1528. — Inhumation dans le chœur de la cathédrale de Noyon, sous une tombe en cuivre, de Charles de Hangest, elle avait dix à douze pieds de long et portait écrit en lettres gothiques l'épitaphe suivante : *Cy gît révérent père en Dieu, monseigneur Charles de Hangest en son vivant évêque comte de Noyon, pair de France qui trespassa le dernier jour de juing, l'an mil cinq cent vingt huit. Priez pour lui. Pater noster et Ave Maria.* Cette tombe est magnifique, ornée de beaux ouvrages sur laquelle est gravée la représentation d'un évêque en habit de prélat, la mitre en tête, les mains jointes, les armoiries étaient

13.

semées sur lui à droite et à gauche, le long de son vêtement jusqu'aux pieds : *d'argent à la croix de gueules chargées de cinq coquilles d'or écartelées d'Ambroise*, à cause de sa mère, Marie d'Ambroise. A droite et à gauche de son visage étaient les armes de l'évêché de Noyon, *à deux crosses de sable semées de fleurs de lys d'or.*

Les armoiries de cet évêque se voyaient encore sur une vitre et aux voûtes d'une chapelle qu'il avait fait bâtir et dédiée à l'Assomption dite aujourd'hui de Bon-secours. Dans cette chapelle était la pierre tombale d'un chanoine de Noyon, chapelain de l'évêque.

On lui doit le palais épiscopal qu'il bâtit en 1528 ; il avait cédé, en 1525, son évêché à son neveu Jean de Hangest, se réservant le droit d'exercer les fonctions épiscopales quand il le jugerait à propos.

1678. — Bénédiction d'une cloche dans l'église de Tracy-le-Mont par le curé Philippe Brémet. Cette cloche eut pour parrain Messire de Halgoët, et sa sœur, pour marraine, enfants du sire de Cargrez, seigneur de Tracy.

1790. — Arrêt de l'administration du département l'Aisne qui destitue la municipalité de Manicamp.

1er Juillet.

1435. — Assemblée à Arras des plénipotentiaires pour traiter de la paix. Le chapitre de Noyon fait faire une procession générale dans laquelle sont portées les reliques de saint Eloi, de saint Mommolin, de saint Achair, et de sainte Godeberte. A la suite de cette cérémonie il y eut prédication, et une distribution de pain aux pauvres.

1678. — Mort d'Elisabeth Claude de Brouilly, épouse de Charles-Louis Gouffier, marquis de Bonnivet, seigneur de Crèvecœur, de Liancourt-fosse (diocèse de Noyon), capitaine de cavalerie.

1790. — Les curé et marguillers de la paroisse de Moyencourt, diocèse de Noyon, reconnaissent que le seigneur du lieu, jouit dans l'église de tous les droits honorifiques appartenant à tout seigneur, haut justicier, c'est-à-dire de recevoir l'eau bénite et le pain bénit après le clergé, avant les autres habitants, mais non avant les laïques revêtus de surplis ; d'être recommandé aux prières du prône, d'aller le premier à l'offrande et de baiser la paix après le clergé, de recevoir l'encensement lui et sa famille, d'avoir le droit de *titres* au dedans et au dehors de l'église et d'être enterré dans le chœur.

2 Juillet.

1474. — Fondation par le roi Louis XI, dans la cathédrale de Noyon d'une chapelle dite : *De la bonne victoire ;* le roi nommait le chapelain qui avait le droit d'entrer dans la cathédrale, botté, éperonné, et le fouet à la main. Cette fondation fut confirmée par une bulle du pape Sixte IV.

1530. — Décès de Mathieu Randoul, doyen des chanoines de Noyon. C'est sous son décanat que Jean Raben, chanoine, donna à l'église cathédrale les censes de Cizancourt, du Jonquoy et de Chiry. Ce donateur se noya en passant au pont d'Orgueil, le 10 mai 1524.

1596. — Charles de Balzac fait son entrée dans sa ville épiscopale de Noyon ; il est reçu en la manière accoutumée.

1708. — Pose de la première pierre de l'église de l'abbaye Saint-Barthélemy de Noyon par le chapitre de la cathédrale. Paul-Louis-Philippe de Lezé de Lézigan était alors abbé commendataire. Elle fut réédifiée sur un plan plus vaste en 1778. Son emplacement est occupé aujourd'hui par le couvent des dames de Saint-Thomas.

3 Juillet.

1497. — Maître Jean Quentin, chanoine de Noyon, est élu évêque de Senlis ; il cède son canonicat à son neveu Jean Pariset.

1500. — Maître Robert Loisel, chanoine de Noyon, donne huit moutons d'or et demi, pour faire dorer la châsse de Sainte-Godeberthe.

1765. — Augustin César d'Hervilly de Devise, évêque de Boulogne, est nommé abbé commendataire de l'abbaye de Ham, et prend des arrangements avec de la Cropte, évêque diocésain Bourzac, comte de Noyon.

1816. — Prestation de serment de Lallouette, notaire à Machemont.

4 Juillet.

1420. — Les arbalétriers de Noyon demandent à l'échevinage que la ville leur accorde douze lots de vin, le jour qu'ils feront leur fête, douze lots quand ils tireront l'oiseau, douze lots quand ils tirerent au rossignol et chaque dimanche de l'année qu'ils joueront dans leur jardin.

1516. — La nuit un incendie dû à l'imprudence éclate dans une annexe de la cathédrale de Noyon menace d'embraser l'édifice. Grâce à la promptitude des secours, le fléau fut maîtrisé. En actions de grâce une procession est faite par les rues, les chanoines avaient des torches et la chàsse de Sainte-Godeberthe fut portée processionnellement. Le chapître fit publier que les habitants qui auraient pu perdre des échelles, des seaux en portant secours pouvaient le déclarer, ils seraient indemnisés.

1811. — Incendie à Pontoise dans la maison du sieur Gossard. Le feu prit une telle intensité que c'est à peine si la famille eut le temps de se sauver. Le père Gossard, paralysé depuis longtemps, était resté dans son lit et personne n'osait pénétrer dans le foyer, lorsque sa fille Honorine s'élança au milieu du brasier, saisit son père dans ses bras et l'amena au dehors, aux grands applaudissements de la foule.

Cet acte héroïque fut célébré par une fête en l'honneur d'Honorine ; la loge maçonnique de Noyon lui décerna une couronne et une médaille.

5 Juillet.

1351. — Un chapelain de la cathédrale de Noyon fait dans la chapelle Saint-Médard de Solesmes, une fondation de trois messes par semaine, qui devaient être célébrées par un religieux de l'abbaye de Ham.

1473. — Guillaume de Marafin est mis en possession de l'évêché de Noyon par son procureur Guillaume Isabelle, qui exhibe les provisions de Rome, et les lettres du pape adressées au chapitre de la cathédrale.

1476. — Lettres patentes du roi Louis XI, autorisant les chanoines de Noyon, à transporter les reliques de la cathédrale, dans tout le royaume, afin d'obtenir les sommes nécessaires à la restauration de l'église.

1529. — Calvin échange la cure de Marteville, dont il avait été pourvu le 27 septembre, 1527, contre celle de Pont-l'Evêque.

1616. — Jacques Le Vasseur, natif de Vimes, près d'Abbeville, est élu doyen du chapitre de Noyon. Il est l'auteur de plusieurs ouvrages ; le plus important a pour titre : *Annales de la cathédrale de Noyon.*

1819. — Il tombe sur le terroir de Pontoise une grêle abondante qui fait beaucoup de tort aux récoltes.

1822. — Une grêle abondante tombe sur les territoires de Caisnes et de Cuts, y cause des pertes évaluées à près de trente mille francs. L'année suivante ces communes furent encore ravagées par le même fléau.

6 Juillet.

1238. — Nicolas de Roye, évêque de Noyon, approuve l'accord intervenu entre les chanoines et Oudard, leur maire de Hombleux, au sujet de la mairie et de ses obligations.

1573. — Balthazar Grangier, conseiller du roi, est nommé abbé de Saint-Barthélemy de Noyon. Il est l'auteur de la *Comédie du Dante,* mise en vers Français.

1691. — Lettres patentes du roi Louis XIV données à Saint-Germain-en-Laye, confirmant les privilèges accordés au chapitre de la cathédrale de Noyon.

1826. — Une grêle partielle tombe sur le territoire de Carlepont et y cause de grands dégats.

7 Juillet.

1354. — Lettres du roi Jean le bon, assignant à l'évêque et au chapitre de Noyon, la prévoté de Roye, pour connaître de leurs affaires, au lieu de celle de Chauny.

1419. — Installation à Noyon, du sieur Barbançon de Canny, comme capitaine de la ville.

1498. — Louis XII fait son entrée à Paris et préside toutes les chambres de justice. Les évêques de Noyon, de Beauvais, assistent à la réunion.

1527. — Décès de Pierre Isabeau, prêtre, chanoine de Noyon ; il fut inhumé dans la cathédrale vis-à-vis du tombeau du sauveur. Ce prêtre avait fait avec son confrère Jean Traveille, les pélerinages de Jérusalem, de Rome, de Lorette et de Compostelle. Il fonda dans la cathédrale la chapelle du sépulcre et laissa beaucoup de biens à l'église de Noyon.

1629. — Une tempête accompagnée de grêle, s'abat sur Noyon et détruit les moissons quelques jours avant leur récolte.

1715. — Les chevaliers de l'arc de Noyon adressent un mandat à leurs confrères de Roye, de Ham, etc., à l'effet d'obliger les *dormeurs* de Compiègne a rendre le bouquet du prix général de Ham qu'ils avaient reçu, en 1684.

1778. — Oraison funèbre d'illustrissime Mgr Charles de Broglie, évêque comte de Noyon, pair de France, désigné cardinal de l'église romaine, prononcée dans la cathédrale par messire de Beauvais, évêque de Senez, chanoine honoraire de Noyon.

8 Juillet.

1239. — Raoul de Marché-Allouard, chevalier, lègue au chapitre de Noyon une rente de froment à prendre sur le terroir de Marché au lieudit le *champ dolent*, pour célébrer son anniversaire, dans le cas où il viendrait à mourir dans son voyage en Terre Sainte.

1393. — L'échevinage de Noyon se réunit au sujet de l'horloge qui est mal réglée. Il décide de remplacer celui était chargé de la remonter.

1577. — Arrivée à Noyon de la reine de Navarre et de Madame de la Roche-sur-Yon qui furent reçues avec tous les honneurs. La reine logea chez le chanoine Lamisse en face de la cathédrale. C'est dans la même maison que logea Monsieur, frère du roi, le 14 octobre suivant.

9 juillet.

1477. — Le roi Louis XI étant à Noyon adresse des lettres aux habitants de Péronne les confirma t dans leurs habitants de Péronne dans leurs droits et privilèges.

1593. — Après la reprise de Noyon par les Ligueurs, Jean Bellemont, chanoine, se fait relever du serment qu'il avait prêté au roi Henri IV.

1594.—Décès à Noyon, de Jean Munier, évêque, dans avoir pris possession du siège épiscopal de Noyon. Il était âgé de quarante-deux ans et exerça d'abord la modeste profession de *mandelier* (vannier).

1627. — Pose de la première pierre de la chapelle dite du Trépas, de Notre-Dame ou de l'Assomption, aujourd'hui sous le vocable de Notre-Dame de Bon Secours par Charles de Hangest, évêque de Noyon. C'est à cet autel que se célébraient les offices de la confrérie de de Notre-Dame des Joies. Il était d'usage que les confrères et consœurs se réunissent après l'office pour prendre part à un modeste repas, lequel dégénéra en un somptueux festin.

10 juillet.

1400. — Louis, fils du roi de France, duc d'Orléans, comte de Valois et de Beaumont, par lettres datées de Paris, octroie aux habitants de Chauny la permission de lever, pendant un an, un denier parisis par lot de vin vendu au détail, à la condition que ces deniers seraient employés à réparer les fortifications et les chaussées de la ville.

1509. — Naissance à Noyon de Jean Cauvin ou Calvin sur la paroisse de Sainte-Godeberthe, dans une maison où pendait pour enseigne : *le Cerf*, située sur la Place du Marché au Blé, fils de Gérard Cauvin, successivement greffier de l'officialité, notaire apostolique, procureur fiscal, natif de Pont-l'Évêque.

1529. — Le chapitre de Péronne, autorisé de l'évêque de Noyon, défend, sous peine d'amende, au maître des écoles de la ville, de souffrir qu'on fasse à la Sainte-Catherine et à la Saint-Nicolas, des danses avec mimes et histrions.

1767. — Ordonnance de police concernant les grains, rendue par l'évêque de Noyon, de Broglie, et par le lieutenant général de police de la ville, faubourg et banlieue de Noyon.

11 Juillet.

1412. — Ordre du roi adressé au mayeur de Noyon, de retenir tout ce que la ville pouvait devoir à Robert de Mailly, capitaine-gouverneur.

1652. — Prise de Chauny ; les marguilliers

rachètent aux Espagnols, moyennant trente-
sept pistoles, la grosse cloche de l'église Saint-
Martin de Chauny, laquelle appartenait au lieutenant-général de l'artillerie ennemie, *à cause
du premier coup de canon quy a été tiré au
siège de cette ville.*

1717. — Les chevaliers de l'arc de Noyon reçoivent de leurs confrères de Compiègne une
invitation pour assister au tir du prix provincial.

12 Juillet.

1636. — Sur le porche latéral de l'église de
Croix-Molignaux, paroisse et diocèse de Noyon,
une inscription rappelle qu'à cette date, quinze
maisons du village ont été brulées par les Espagnols, commandés par Jean de Werth.

13 Juillet.

1179. — Bulle du pape Alexandre III confir-
mant le chapitre de Noyon dans la possession
des biens qu'il avait à Cambronne, Dreslincourt, Béthancourt et aux environs de Noyon.
Ces biens avaient été confirmés aux chanoines
par le roi Louis VI, dans une charte datée de
Soissons. Ils comprennent les abbayes de Saint-
Maurice et de Sainte-Godeberte, les églises de
Magny (Guiscard), Beaugies, Appilly, Oman-
court, Balâtre, Ognolles, Cambronne, Ecuvilly,
Ercheu ; les chapelles de Flavy-le-Meldeux,
Solente, Cannectancourt : Ils avaient été données aux chanoines par Simon de Vermandois,
pour la célébration de son anniversaire.

1418. — Un soldat sortant d'une taverne
frappe de plusieurs coups de couteau une
image de la vierge située dans 'a rue aux Ours.
On rapporte qu'il sortit de cette image une
grande quantité de sang. Le fait est rappelé par
une inscription placée dans un cadre, dans
l'une des chapelles de l'abside de la cathédrale
de Noyon.

1689. — Les Ursulines de Noyon obtiennent
des lettres de surannation pour l'enregistrement des lettres patentes de Louis XIII, données au mois de mars 1682. Le parlement
avant d'enregistrer ces lettres ordonne une
enquête de *commodo* et *d'incommodo.*

1820. — La grêle fait de nouveaux ravages
sur le territoire de Pontoise et compromet les

moissons. Ce phénomène se produit surtout dans la vallée de l'Oise.

14 Juillet.

1415. — Lettres du bailli de Vermandois adressées au lieutenant du roi, à Noyon, engageant les échevins, vu la présence des Anglais, à mettre leur ville en état de défense.

1665. — Louis Hachette, secrétaire des finances du duc d'Orléans comme fondé de pouvoir de M⁸ Henri de la Motte-Houdencourt, aumônier de la reine, archevêque d'Auch, seigneur de Sacy-le-Petit et du fief de la mairie se transporte à l'abbaye de Saint-Corneille pour rendre foi et hommage aux religieux Après avoir mis genoux en terre, à l'entrée abbatiale, sans chapeau, ni épée, ni éperons, après avoir frappé trois fois à la porte, a déclaré prêter serment de fidélité pour le fief de la mairie, et payer vingt sols de chambellaye.

1790. — Fête de la Fédération générale. La ville de Noyon envoie des députés à cette fête qui se joignent aux Fédérés de l'Oise partant pour Paris.

15 Juillet.

1010. — A la sollicitation de Syndulphe, évêque de Noyon, Othon, comte de Vermandois, restitue à l'église Saint-Furcy de Péronne, *la grosse forêt* faisant partie de la forêt d'Arrouaise.

1195. — Philippe-Auguste, à la prière de son connétable Dreux de Mello, transige avec Jean, chatelain de Noyon, au sujet du produit de la vente de la forêt de Laigue.

1820. — Ordonnance royale qui fixe à trois le nombre des notaires du canton de Ressons-sur-Matz, deux en résidence au chef-lieu et un troisième à Gournay-sur-Aronde. Il y avait autrefois une étude à Conchy-les-Pots, et une autre à Monchy-Humières.

1824. — Ordonnance royale approuvant l'échange des bâtiments de la gendarmerie de Noyon contre ceux de l'ancien couvent des Ursulines. L'échange eut lieu par le maire Sézille, au nom de la ville et par le sous-préfet, Borel de Favencourt, au nom du département.

14.

16 Juillet.

1776 . — Condamnation à mort par la cour du Parlement, de Marie d'Aubray, marquise de Brinvillers, dame d'Offémont, convaincue d'avoir empoisonné son père, ses frères et d'autres personnes. On raconte dans les environs de Sains-Morainvillers que la marquise avait composé un poison et que voulant en faire l'essai, elle en mélangea une partie dans du pain bénit qu'elle devait offrir à l'église de Brunvillers-la-Motte, un dimanche. Mais le fait ayant été découvert, le pain ne fut pas distribué.

1721. — Le duc d'Aumont, seigneur de Guiscard, est frappé à Paris d'une attaque de paralysie : on craint beaucoup pour ses jours. Saint-Simon dit du duc : « C'est un bon et magnifique seigneur qui fut ambassadeur en « Angleterre où il a beaucoup dépensé ; il a « pour femme une des plus sages dames de la « cour, et qui a été des plus belles et des mieux « faites. » C'était Mlle de Brouilly-Piesmes.

17 Juillet.

1557. — Par une charte donnée à Compiègne, Henri III taxe la ville de Chauny à fournir six mille pains par jour aux troupes que le roi fait assembler à Laon.

1793. — Sentence arbitrale rendue contre la commune de Salency, maintenant les Moutoilliers dans la propriété et jouissance de vingt-huit faux du pré de la Moutoille.

1845. — Le sieur Narbonne et le sieur Dubois, fontainier, travaillant dans un puits, à l'angle de la maison Sézille, boulanger à Noyon, tombent asphyxiés par l'acide carbonique que dégage leur fourneau. Le sieur Foyart, marbrier, n'hésite pas à descendre dans le puits pour en retirer ces deux ouvriers. Il se sent défaillir à son tour. Enfin, M. Lequeux, maître-maçon, parvint à remonter les malheureux prêts à rendre le dernier soupir.

Le Conseil municipal félicita publiquement MM. Foyart et Lequeux de leur belle conduite.

18 Juillet.

1455. — Le concile provincial de Soissons est annoncé dans la ville de Noyon. Le doyen et le trésorier du Chapitre furent députés à

l'assemblée do... ...lécisions furent notifiées
aux habitant... ...obre suivant.

1802. — N. ...et, évêque d'Amiens, de
Beauvais et de Noyon se rend dans cette dernière ville où la division régnait entre les prêtres qui jusqu'alors avaient différé d'opinion ;
mais la bonne harmonie y fut rétablie par le
prélat.

19 Juillet.

1636. — Lettres de Louis XIV au vicomte de
Brigueil, gouverneur de Compiègne, lui ordonnant de laisser passer sur la rivière d'Oise les
bâteaux chargés de grains venant de Noyon et
de Chauny.

1648. — Philippe Marcotte, natif de Noyon,
est pourvu de la cure de Tracy-le-Mont. Il fait
rebâtir au bas de la nef de l'église, le clocher
qui auparavant était sur le transept.

1715. — La compagnie de l'arc de Noyon est
choisie comme arbitre par celle de Roye, pour
juger un différend élevé au sujet du rossignol
tiré au jardin.

1791. — J. Baptiste Massieu, évêque constitutionnel de l'Oise, se présente à la société des
amis de la Constitution de Compiègne, accompagné du curé de Noyon, Gibert, qui monta à la
tribune pour féliciter la société de l'accueil
bienveillant qu'elle faisait au député Massieu.

20 Juillet.

1293. — Incendie presque total de la ville de
Noyon.

1417. — Jehan Bourseur, maire de Noyon
avec Jehan de Nécile et Jehan de Compiègne
jurés, vont à l'Evêché prêter serment entre les
mains de l'évêque de Noyon; la main posée
sur le bras de St-Eloi. Puis après avoir baisé
les reliques, ils retournent à l'hôtel de ville, au
son de la cloche du beffroi.

1642. — Claude de la Viefville, chevalier seigneur d'Orvillers, de Sorel, baron de Sermaize et de Porquéricourt, et Louise de Vi-
gnancourt, sa femme, vendent à Jean de
Rome, seigneur d'Offoy, des fiefs situés à
Avricourt, Verpillères et Fresnoy.

1665. — Arrêt du conseil d'Etat contre les

mandements des évêques de Noyon et de Beauvais, les déclarant comme d'abus.

21 Juillet.

1412. — Le capitaine de Noyon, Robert de Mailly, réclame à la ville les gages qui lui sont dus : le mayeur l'informe que des ordres du roi défendent de le payer. Mais, ayant présenté pour caution Jehan Droppier de Pont-l'Evêque, la ville lui remit ses gages.

1419. — Les pionniers qui travaillent aux fossés de la porte du Wez de Noyon reçoivent deux sols par jour que leur paie l'argentier de la ville.

1712. — Nouvel arrêté de l'échevinage de Noyon mettant fin aux contestations soulevées entre les arquebusiers et la milice bourgeoise au sujet du droit de préséance.

22 Juillet.

1291. — Bulle du pape Nicolas adressée à Guy, évêque de Noyon, réglant un conflit élevé entre les chanoines de Saint-Furcy de Péronne et l'évêché de Noyon. Quatre ans après, la bonne harmonie est de nouveau menacée, mais grâce à des concessions réciproques l'accord se fit avec l'archidiacre Simon de la Boissière.

1432. — Guillaume et Charles de Flavy mettent le feu au faubourg St-Jacques de Noyon et menacent d'incendier la ville, si un nommé Gourdain qui avait tué un serviteur de Guillaume et qui s'était réfugié dans la cathédrale, ne lui était livré.

1506. — Jean Lefranc, chanoine de Noyon, fait profession chez les Célestins de Paris et meurt en 1555, après avoir été vicaire général de l'ordre.

1630. — Prix général de l'arquebuse tiré à Compiègne auquel assistent les compagnies de Montdidier, de Noyon et autres.

1849. — Le prince Louis Napoléon, président de la République se rend de Noyon à Ham, et visite le château. Dans un banquet il remercie les habitants de la sympathie qu'ils avaient eu pour ses malheurs.

23 Juillet.

1709. — Charles-François de Chateauneuf de Rochebonne adresse aux curés de son diocèse une circulaire les engageant à faire le dénombrement des paroissiens de chacune des paroisses du diocèse, afin de répondre au désir du roi qui cherchait le moyen « de pourvoir aux grains nécessaires à la subsistance de ses sujets. » On sait que l'hiver de cette année avait été très rigoureux et que les blés avaient gelé en terre.

1739. — Fête militaire donnée à Noyon par les troupes de la garnison et par celles venant de Compiègne. Un polygone ayant été élevé dans les fossés de la ville, il fut attaqué et défendu par des mousquetaires divisés en deux camps. Ce simulacre de petite guerre intéressa beaucoup les habitants de Noyon.

1852. — Translation des reliques de saint Médard et de sainte Godeberthe, d'une ancienne châsse, dans deux nouvelles. Cette cérémonie avait été présidée par le curé de Noyon, Thièble, en présence du maire Audebert, de Dordigny, adjoint, et d'autres notabilités civiles, ecclésiastiques et du supérieur du séminaire, l'abbé Boyeldieu.

24 Juillet.

1591. — Le baron de Biron à la tête d'une armée vient prendre position autour de Noyon, à un quart de lieu des faubourgs. Le lendemain, le roi Henri venant de Compiègne investit la place et établit son quartier général au Mont-Renaud. Le capitaine Rieux de Pierrefonds s'était jeté dans la ville avec quelques troupes.

25 Juillet.

1543. — Dénombrement des prés de la Moutoille et de la Rosière fait par Antoine de Saint-Baussons de Margival, à Louis d'Estinacq, chevalier, seigneur de Béhéricourt et de Grandrû.

26 Juillet.

1214. — Bataille de Bouvines gagnée par Philippe-Auguste sur l'empereur Othon. Les milices communales de Roye, de Montdidier, contribuent au gain de la bataille. Parmi les chevaliers qui prennent part au combat, figurent : Raoul de la Tournelle, Aubert de Hangest, le seigneur de Moreuil, Barthélémy et Raoul de Roye, Gilles de Marchez, Bernard du Plessier, et autres.

1596. — Décès d'Antoine Bouchelé, chanoine de Noyon ; il exerça d'abord la profession de menuisier, puis entra dans les ordres. Le travail excessif auquel il se livra pour étudier la théologie lui fit perdre la vue.

1731. — Claude de Rouvroy de Saint-Simon, abbé commendataire de l'abbaye de Jumièges, est nommé à l'évéché de Noyon ; il en prit possession par procureur et ne fit son entrée dans sa ville épiscopale que le 10 septembre, vers les quatre heures après-midi.

1807. — Translation dans l'église de Chiry, du reliquaire de Sainte-Anne, qui était à l'abbaye d'Ourscamp ; ces reliques avaient été sauvées du pillage, en 1793, par les soins de Jean Louis Sézille de Chiry.

27 Juillet.

1226. — Mort à Noyon, de Fernand de Portugal comte de Flandre, « confédéré des Anglais et des impérialistes lequel fut fait prisonnier à la bataille de Bouvines et mené à Paris où il demeura douze ans, cinq mois, prisonnier depuis l'an 1214 jusqu'en 1226, puis trépassa à Noyon d'où son corps fut porté en Flandre, au monastère de Marviet, sauf ses entrailles qui demeurèrent à Noyon, en la chapelle Saint-Eloy en la cathédrale, où se voit encore cette épitaphe :

Fernandi proavos hispania, flandria corpus,
Cor cum viteribus (sic) continet iste locus.

1624. — Charmolue Henry, conseiller du roi et lieutenant-civil, à Noyon, vend au roi Louis XIII, le fief de la *Porte rouge* sis à Compiègne, pour les dames de l'abbaye Saint-Jean des Vignes de Compiègne (dite Sainte Perrine) moyennant la somme de quatre mille huit cents livres et soixante deux livres de rente.

1789 — Le bruit se répand dans les campagnes que des brigands appelés *Carabots*, échappés des prisons de Paris coupent les blés dans les champs vers Conchy et Tilloloy. Le tocsin sonne dans les villages, les paysans armés de fourches, de faulx, s'élancent dans toutes les directions, à la recherche de ces brigands que l'on ne rencontre nulle part.

1817. — Décret érigeant en évêchés les villes de Beauvais et de Noyon, nommant Joseph-Marie-Victoire de Cosnac, évêque de Noyon.

Ce prélat ne prit pas possession de son siège épiscopal.

1832. — Ordonnance royale qui sépare la commune de Beaurains de celle de Genvry à laquelle elle avait été réunie, et 1828.

28 Juillet.

1564 — Les guerres qui semblaient se perpétuer dans le Nord de la France ayant épuisé les faibles budgets des villes, la Chambre noyonnaise décide que les « dépenses super- « flues qui se font chascun an à la feste sainct « Estienne, à sainct Ladre, le jœudy absolut, au « bail des fermes et par les festes de Paques, « dont plusieurs gens murmurent souvent, » seront notablement réduites.

En conséquence, « ne seront plus pryés aux « dyners et despenses des susdits synon les « mayeurs, grands jurez et officiers selon qu'il « estoit accoustumé de faire d'ancienneté ».

1623. — La peste règne à Noyon, et fait de nombreuses victimes : le chapitre décide de faire fabriquer une châsse nouvelle pour y renfermer les reliques de Saint-Eloi, afin d'apaiser le fléau.

1653. — Louis XIV fait son entrée à Noyon, vers deux heures du matin, dans la rue au Lin, le lieutenant de Charmolue, au nom des officiers du bailliage, complimente le roi, tandis que le duc d'Estrées et le maire Pourcelet, présentaient au monarque les clefs de la cité.

1835. — Attentat contre la vie du roi Louis-Philippe, la ville de Noyon envoie une adresse au monarque ainsi que les autres communes du canton.

1841. — Réception des grandes orgues de la cathédrale de Noyon réparées par la maison Daublaine et Cottinet de Paris.

Cette réception, pompeusement annoncée, fut une espèce de mystification pour tout le monde. « Non seulement, dit l'*Echo de l'Oise* « de l'époque, M. Danjou, le célèbre organiste « de Notre-Dame, dont on avait annoncé la pré- « sence, n'est point venu mais l'orgue laissait « dans le haut beaucoup à désirer pour la jus- « tesse. Les autres artistes de Paris, contrariés « comme tout le monde, sans doute, de l'ab- « sence du célèbre exécutant, n'ont rien joué « de saillant ni de bien approprié aux ressour-

« ces de l'instrument qui du reste, a paru ré-
« paré avec soin et avoir gagné en puissance
« de sons. »

29 Juillet.

922. — Charles-le-Simple donne aux religieux
de Saint-Corneille de Compiègne le village d'E-
lincourt avec la chapelle Sainte-Marguerite et
d'autres lieux.

1708. — Charles-François de Chateauneuf de
Rochebrune, chanoine-comte de Lyon, est
sacré évêque de Noyon par les prélats de
Saintes et de Limoges.

1784. — Pierre-Marie-Henri Tondu, dit Le
Brun, né à Noyon en 1754, ministre des affaires
étrangères en 1792, épouse dans l'église Saint-
Martin de Liége, Marie-Jeanne-Adrienne
Chéret de laquelle il avait eu, huit jours au pa-
ravant, Jean-Pierre-Louis Tondu, dit Le Brun.

1789. — L'évêque de Noyon, de Grimaldi et
le chanoine Désessart, sont arrêtés et emprisonnés à Dôle.

30 Juillet.

1594 — Mort du cardinal Charles de Bourbon Ier
proclamé roi par la ligue sous le titre de
Charles X, abbé commandataire d'Ourscamps
et chanoine de Noyon.

1711. — Décès de Françoise Martine, religieuse Ursuline, fille de Jean Martine, bailli de
Noyon.

1835. — La ville de Noyon envoie une adresse
au roi Louis-Philippe à l'occasion de l'attentat
commis le 28 contre sa personne.

31 Juillet.

1409. — Mort de Philippe de Moulin, ancien
évêque de Noyon, qui légua par testament aux
chartreux du Mont-Renaud, ving-quatre livres
parisis, pour célébrer son anniversaire.

1498. — Lettres du roi Louis XII ordonnant
à l'évêque de Noyon de faire chanter un *Te
Deum* pour célébrer le traité de paix signé entre la France, le roi d'Angleterre et l'archiduc
comte de Flandres. Des feux de joie sont allumés dans les rues.

1499. — Une procession générale est faite à

Noyon pour la préservation de la peste ; chaque chanoine portait un cierge d'une demi-livre,
les chapelains et les vicaires un cierge du
poids d'un quarteron.

1510. — Lettres du roi, datées de Blois et
adressées à l'évêque de Noyon lui mandant de
se trouver à Blois, le 15 septembre, avec deux
députés du chapitre et du clergé, pour traiter
des privilèges et libertés de l'église gallicane.

17.3 — Charles-François de Chateauneuf de
Rochebonne, évêque, comte de Noyon, délègue
le sieur Maillet, curé de Saint-Jacques de Saint-
Quentin pour faire la bénédiction de la chapelle
du couvent des filles de la Croix, à Saint-
Quentin.

1744. — Bulle du pape accordant aux dames
de Villeneuve, religieuses de l'hospice de
Noyon, l'autorisation de célébrer dans l'église
de l'établissement, la fête du Sacré-Cœur, le
lendemain de l'octave du Saint-Sacrement.

1779. — Arrêt du Parlement, confirmant une
sentence de bailliage de Chauny, sur l'appel du
sieur Danré, seigneur de Salency, le condamnant à payer vingt-neuf années d'arrérage. La
communauté de Montvilliers était représenté
par Antoine Carbonnier, dit *Bontems*, labou-
reur à Salency, et syndic.

1840. — Mort de M. Mégret de Devise, ancien maire de Salency, ancien membre du conseil général de l'Oise.

1er Août.

1430. — Tristan de Maignelers qui commandait le château de Gournay-sur-Aronde, remet
la place aux Bourguignons, après une héroïque
défense. Le duc de Bourgogne se dirige sur
Noyon.

1536. — Calvin publie son célèbre traité de
l' « Institution chrétienne ». L'épître dédica-
toire à François Ier, est un des chefs-d'œuvre
de la langue française au XVIe siècle.

1591. — Le comte de Laulx de Tavannes
quitte Roye à la tête de cinq cents arquebusiers, pour renforcer la garnison de Noyon,
mais il est attaqué près de la forêt de Bouveresse par des chevau-légers du roi qui
mettent ses troupes en déroute les poursuivant
dans les champs et en font un grand carnage.

1655. — Jacques III de Montguiot, écuyer, seigneur de Vaucourtois, de Combronne, du fief du Saussoy, fait foi et hommage au seigneur d'Autheuil pour le fief et seigneurie de la Motte.

1715. — Arrêt du Conseil d'Etat autorisant les chanoines de Noyon à installer dans le chœur de la cathédrale, l'autel à la romaine que l'on voit encore aujourd'hui, et pour l'installation duquel on fut obligé de démolir le jubé. Cet autel se trouve placé près de l'entrée d'un caveau, indiquée sur le carrelage par la lettre C. un escalier conduit dans une cavité dont l'intérieur est recouvert de vases creux en terre cuite de forme allongée, avec enflure dans la partie moyenne. Ces vases couchés horizontalement sont reliés entr'eux par un mortier. Une large ouverture faite au centre de la voûte met en communication le chœur avec l'intérieur de ce caveau sonore.

1828. — Incendie de vingt deux maisons avec leurs dépendances dans la commune de Thiescourt. Une femme périt dans les flammes. Des secours furent envoyés par le roi aux incendiés.

1841. — Translation des reliques de sainte Godeberthe dans une nouvelle châsse, présidée par Appolinaire Obry, prêtre chanoine, supérieur du séminaire de Noyon, en présence du doyen de Noyon, Jean-Félix Thièble, de l'adjoint Michaux Hannonet, d'un grand nombre d'ecclésiastiques et de autorités de la ville.

2 Août.

827. — Louis le Débonnaire donne l'abbaye de Saint-Etienne de Choisy à l'abbaye de Saint-Médard de Soissons, avec tous les biens qu'elle possédait à Béthancourt, l'étang et le moulin dont s'empara Ives, châtelain de Noyon.

1551. — Des calvinistes emprisonnés à Noyon, sont délivrés par leurs partisans ; au même instant les eaux de la rivière du Wé, du côté de la porte occidentale de la ville, « sont « converties en sang pour marque de l'ère de « Dieu offensé de cette injustice. »

1557. — Jean de Hangest, évêque de Noyon, ayant été suspendu de ses fonctions par son métropolitain, le chapitre des chanoines consulte la Sorbonne, au sujet des bénéfices du prélat, que le Métropolitain s'était réservés. Le chapitre appela de cette prétention]au pape à son départ en France.

1770. — Ordonnance de police générale du bailliage de Noyon concernant la mouture des blés et la rétribution des meuniers. Ces derniers doivent en farine et en son le poids du grain, moins trois livres de déchet.

1859. — Séance du comité archéologique de Noyon dans laquelle il est rendu compte d'une découverte de cercueils antiques faite sur la montagne de Dreslincourt, près de la ferme d'Atticho, au lieudit : *La pièce des cercueils.*

1876. — Distribution des prix au séminaire de Noyon, sous la présidence de Mgr Gignoux, évêque de Beauvais et de Mgr Mernillod, évêque d'Hébron, coadjuteur de Genève.

Le soir, ces deux prélats chantèrent le *salut* à la cathédrale. Mgr Mermillod prit la parole et dans un langage chaud et brillant, il célébra les bienfaits et les triomphes de l'Eglise.

3 Août.

1607. — La foudre tombe sur le gros clocher de la cathédrale de Noyon, sans causer de grand dommage ; un *Te Deum* en actions de grâce est chanté pour remercier le ciel d'avoir préservé l'église. Une procession dans laquelle on portait la châsse de Sainte-Godeberthe fut aussi instituée, et renouvelée chaque année, les 3 août.

1653. — Les Espagnols s'emparent du château de Cambronne dans lequel s'étaient enfermés les habitants du pays et le livrent au pillage. Ce château n'existe plus, il était situé au lieudit *la Motte.*

1799. — Lettre des administrateurs municipaux de Noyon adressée au citoyen-commissaire du Directoire exécutif près de l'administration du canton de Saint-Quentin, relative à un conscrit enrôlé à Laon et arrêté à Noyon.

1824 — La grêle tombe en abondance sur les territoires de Babœuf, Appilly et Sempigny ; elle fait beaucoup de tort aux récoltes.

1431. — Convocation d'une assemblée générale des habitants de Noyon, à son de cloche, par le mayeur Jean de Noyon, à l'effet de savoir si la ville veut payer deux mille six cents francs que demande le comte d'Etampes, pour

venir mettre le siège devant les châteaux de
de Dives et de Ressons-sur-Matz.

1771. — Formation du bat...illon provincial
soissonnais composé des contingents de Noyon,
de Soissons et de Laon. Il avait pour colonel
le chevalier de la Noue, ce régiment fut sup-
primé le 15 novembre 1775.

4 Août.

1793. — J.-B. Desabeaux mannelier, profère
sur la place d'Attichy des cris de *Vive le roi !
Vive la reine ! Vive le Dauphin !* Pour ce fait,
il est arrêté et conduit à Noyon. Le tribunal
criminel de l'Oise, siégeant dans cette ville le
condamne à la peine de mort. Desobeaux fut
exécuté sur la place de l'Hôtel-de-Ville de
Noyon.

1820. — Une grêle abondante tombe dans la
vallée du Matz et ruine les récoltes des communes de Chevincourt, Machemont et Mélicoq.

5 août.

1435. — Le mayeur de Noyon, Jehan de
Compiègne, et les jurés, décident d'envoyer
pour députés à Arras, l'abbé d'Ourscamp et
deux autres habitants, au sujet du traité de
paix signé dans cette ville.

1482. — Guillaume de Marafire, évêque de
Noyon, étant au château de Plessier-de-Roye,
fait défense à Jean de Roye, sous peine d'excommunication, de se dessaisir du reliquaire
contenant le chef de sainte Anne.

1637. — Mort devant Rumigny, de Robert
d'Aumale, chevalier, seigneur de Nampcel,
Cambronne, Béthancourt, etc. Il fut inhumé
dans l'église de Nampcel. Sur sa tombe est une
plaque de marbre noir portant une inscription
placée par sa mère, Louise Hoffenann de Mortefontaine.

1815. — Une grêle énorme tombe sur le territoire de Bretigny et détruit les récoltes.

6 Août.

1526. — Décès de messire Jehan Le Jeune,
prêtre, chanoine de la cathédrale de Noyon,
natif du village de Plessis-Cacheleux, paroisse
de Dives. Il fut inhumé dans l'église Notre-
Dame, sous une pierre tombale, représentant
le défunt en habit de chœur.

1803. — M. Villaret, évêque d'Amiens, Beauvais et Noyon, étant en cours de visite dans cette dernière ville est informé que des curés continuent de célébrer les fêtes supprimées ou transférées par le Concordat ; le prélat ordonne qu'aux jours de fêtes supprimées, on ne fasse rien de plus que dans les jours ordinaires.

1816. — La rivière d'Oise déborde et la vallée est submergée. Les villages de Sempigny, Pontoise sont inondés. Le 7 septembre suivant, la rivière déborde de nouveau et la vallée est encore inondée.

7 Août.

1501. — Guillaume de Maralin, évêque et comte de Noyon, meurt au château de Carlepont Il est enterré dans le sanctuaire de la cathédrale de Noyon devant le grand autel, sur sa tombe étaient une inscription latine et ses armoiries: *de gueules à la bande d'or, accompagnée de cinq raies de même, mises en orle.*

1591. — Charles de Lorraine, duc d'Aumale, connétable des Ligueurs, quitte Ham à la tête de quelques troupes, accompagné du sire Hamel de Bellenglise et de Robert de Grouches de Gribeauval pour introduire des renforts dans la ville de Noyon assiégée par le roi ; mais le duc échoue dans ses projets; ses troupes sont mises en déroute et poursuivies jusque sous les murs de Ham.

1793. — Les administrateurs du Directoire de Noyon envoie aux officiers municipaux des communes du district, l'ordre de brûler les titres féodaux. Cet ordre se termine ainsi : « Cet « autodafé pourra être suivi d'un repas frugal « partagé par tous les concitoyens dans la plus « vive allégresse et autour de l'arbre de la li- « berté ; des entretiens, des chants patriotiques, « des hymnes à la liberté et à l'Egalité, devront « couronner un festin champêtre et cet heureux « jour. »

8 Août.

1550. — Arrivée à Noyon du docteur Buret, inquisiteur de la foi, pour informer contre les scandales commis par les Calvinistes, qui avaient brisé des crucifix et mutilé des images. Le lieutenant du roi, Normendie, quitte Noyon et se réfugie à Genève. Le docteur avait avec lui un certain nombre de domestiques et de chevaux qui furent nourris aux frais du chapitre.

1580. — Des processions sont faites dans la ville de Noyon, contre la peste et la guerre, à l'abbaye Saint Eloi, aux églises de Saint Martin, de Saint Hilaire, de Sainte Godeberte. Les chanoines retenus par leur service restent à Noyon, les autres se retirent dans des villes voisines.

1711. — Arrêt de la cour du Parlement annulant une décision de l'évêque de Noyon, concernant la nomination d'un prévot par le chapitre de Saint-Quentin.

1735. — Dénombrement donné par Jean Sézille, procureur fiscal des terres et seigneurie de Salency, et fondé de la procuration de messire Danré, père des Montoilliers, écuyer, seigneur de Salency et de Frières-Faillouel, au marquis d'Hautefort, seigneur de Béhéricourt, Baboeuf, Champien, etc.

9 Août.

1438. — Charte de l'abbaye de Saint-Barthélemy qui constate la présence à Noyon des bains publics appelés : *Etuves ;* ils étaient situés derrière Saint-Maurice, tenant d'une part, au cours d'eau qui descend de la grande arche du moulin Saint-Maurice.

1492. — Anne de Folleville, femme de Hugues du Bois, donne son consentement à la vente de la terre de Bailly, que son mari a faite à Guillaume de Marafin, évêque de Noyon.

1498. — Afin d'obtenir la cessation de la peste qui règne à Noyon, les chanoines promènent les reliques de la châsse de Sainte-Godeberte, comme seul remède à apporter au mal contagieux.

1591. — Le duc de Mayenne est rejoint à Ham, par le prince d'Ascoli, à la tête de trois mille hommes d'infanterie, pour aller au secours de Noyon.

1652. — Lettre du roi Louis XIII, datée de Pontoise et adressée au marquis d'Humières, gouverneur de Compiègne, lui faisant part de son intention de venir faire un séjour dans cette ville, l'invitant à faire nettoyer les rues et à faire conduire à Noyon les malades et les blessés qui se trouveraient à Compiègne.

10 Août.

1642. — Henri de Baradat, évêque de Noyon, donne des reliques du chef de Saint-Eloi, aux religieux Minimes de Roye.

1701. — Naissance à Compiègne de François Constant, fils de Charles Marie, seigneur de Belle-Assise, Sainte-Christine en partie, Villers, et procureur au bailliage. Dom François entra chez les Bénédictins de Sainte-Claire de Berneuil, puis vint à l'abbaye Saint-Corneille dont il fut sous-prieur.

1779. — L'église Saint-Pierre de Noyon, s'écroule et la paroisse cesse d'exister. La confrérie de Notre-Dame des Joies avait son siège dans la chapelle de la vierge de cette église.

11 Août.

1626. — Henri de Baradat, issu de Guillaume de Baradat, écuyer, seigneur de Damery, fait comme évêque de Noyon, son entrée solennelle dans la ville épiscopale. Tous les magistrats vont à sa rencontre et le maire lui adresse des paroles de bienvenue.

1792. — Pierre-Mari-Henri Tondu, dit Le Brun, né à Noyon en 1754, est nommé ministre des Affaires étrangères.

1791. — Louis Lucas, ancien frère Gervais, instituteur à Cambronne, est agréé frère de Noyon, en remplacement du frère Moinet, qui se retira dans sa famille ; il entra ensuite dans l'institut, où il mourut le 17 mars 1831, après soixante-sept ans de communauté.

12 Août.

1475. — La communauté des chapelains de la cathédrale de Noyon fait à l'abbé Saint-Corneille de Compiègne, le dénombrement du fief *Cloquette*, qui consistait en cens, rente sur les seigneuries de Cambronne, Dreslincourt et Ribécourt. Ce fief s'appelait ainsi parce que son hôtel était situé rue des Cloquettes, à Compiègne.

1501. — Un service est célébré dans la cathédrale de Noyon pour l'évêque Guillaume de Marafin par le prélat Milet, évêque de Soissons. A cet office assistent la chambre de ville, les notabilités, ainsi que les seigneurs de Moyencourt, de Ribécourt, Mondescourt, les abbés d'Ourscamp, de Saint-Eloi, etc.

1558. — Nicolas Parmentier, chanoine de Noyon, est nommé doyen du Chapitre. L'évêché était alors vacant, l'évêque Jean de Hangest ayant été suspendu de ses fonctions, à cause de ses dettes.

13 Août.

1516. — Signature du traité conclu à Noyon entre François 1er et l'archiduc Charles, roi d'Espagne; les clauses restèrent sans effet.

1531. — Jean Calvin, curé de Pont-l'Evêque, donne à l'église de Muirancourt deux sols parisis de revenu pour la fondation d'une messe de *Requiem*, pour le repos de l'âme de sa mère enterrée à Muirancourt.

1591. — Henri IV s'empare de l'abbaye Saint-Eloi que les habitants de Noyon avaient fait fortifier.

1739. — Naissance à Péronne de Charles-Gabriel Lemerchier qui se livra à la médecine; en 1804, il vint se fixer à Noyon pour exercer sa profession; il fut un des plus ardents propagateurs de la vaccine. Il se retira ensuite à Amiens dont il fut maire.

14 Août.

1498. — Le chapitre de Noyon ayant égard au grand âge de l'évêque Guillaume de Marafin et au mauvais état de sa cahière (fauteuil) lui donne l'autorisation d'en faire construire une autre à sa convenance.

1567. — Entrée de Charles IX à Noyon; le corps de ville va au devant de lui, à cheval, jusqu'à Saint-Ladre. Le roi est placé sous un dais aux couleurs tricolores, porté par quatre bourgeois. Il entend les vêpres à la cathédrale et quitte la ville pour aller coucher à l'abbaye d'Ourscamp, où l'attendaient la reine mère, les ducs Charles de Bourbon, de Lorraine et de Guise. Il avait été harangué par le lieutenant Chastelain.

1770. — Arrêt de la cour du Parlement, concernant les dispositions testamentaires de Jacque Quentin de la Pain-Dusonnois, officier d'échansonnerie du grand commun de la reine, qui lègue des biens aux Capucins, Cordeliers et curés de la ville de Noyon, aux pauvres des villages de Carlepont, Tracy-le-Mont, de Bailly, aux paroisses et à la *charité* de Noyon.

1797. — Décès de Pascal de Montguiot, ancien seigneur de Cambronne et de Béthancourt, chevalier de Saint-Louis, capitaine au régiment de Picardie. Il avait épousé en premières noces Henriette Fourment dont il eut une fille mariée à Jouenne d'Esgrigny, seigneur de Dreslincourt, lieutenant des maréchaux de France, à Compiègne.

1822. — Ordonnance royale fixant à deux le nombre des notaires du canton de Guiscard, et assignant leur résidence au chef-lieu.

15 Août.

1567. — Le roy Charles IX, accompagné de la reine, fait son entrée à Noyon.

Sur la recommandation du connétable, et vu les difficultés de l'époque, la réception eut lieu sans cérémonie. La ville fit faire un poêle en damas aux couleurs du roy, savoir bleu, blanc et incarnat. Le peintre Quentin Gourdin dessina les armoiries des cierges et des bâtons de poêle.

Me Loys Chastellain fit la harangue traditionnelle au roi.

La veille, la chambre avait dit « qu'il ne serait faict aucun présent au Roy, actendu la povreté et désolacion de la ville. »

1653. — L'armée française campe pendant cinq jours dans les faubourgs de Noyon. Les soldats s'emparent du blé des habitants pour nourrir leurs chevaux. Il n'y eut pas de récoltes cette année-là, les champs ayant été ravagés par le passage des escadrons.

1794. — Lettre adressée au citoyen Duchateau, agent municipal de la commune de Guiscard, et en cette qualité, officier public de ladite commune.

Citoyen,

Louis-Charles Lalau, domicilié en la commune de Guiscard, veuf en premières noces de Véronique Balent, considérant comme un grand malheur pour lui, d'avoir contracté une seconde alliance avec Françoise Tupigny, pour la dégradation des mœurs d'icelle qui sont de notoriété publique, ainsi que le constate l'extrait ci-joint du jugement rendu contre elle portant peine afflictive et infamante.

Demande avec instance de profiter du bénéfice de la loy, en prononçant son divorce d'avec ladite Tupigny. Il attend de vous dans le plus

bref délai, est acte de justice et sa reconnaissance égale son amour pour la patrie.

Duchateau, en présence de quatre témoins,
prononça le divorce, le 17 du même mois.

16 Août.

1375. — Dreux de Baquencourt, écuyer, déclare tenir du doyen du chapitre-cathédral de
Noyon, un fief situé à Magny (Guiscard).

1389. — Lettres par lesquelles Charles VI accorde aux habitants de Genvry, le privilège
d'établir dans leur ville, une place où pourront
venir les ouvriers qui voudront se louer.

1465. — Le chapitre de Noyon fait emprisonner à la porte Corbault, Jean Lucibaut, chantre, ancien vicaire, pour avoir outragé une
femme, nommée Colette avec sa fille, les ayant
rencontrés la nuit. Ce personnage était la terreur du Noyonnais, les parents pour faire taire
leurs enfants les menaçaient de *Lucibaut*.

1817. — Un orage accompagné de grêle ra-
vage les communes de Pimprez, de Plessis-
Brion, Montmacq, et de Saint-Léger-aux-Bois,
causant de grands dommages. Le 27 le même
fléau détruit les récoltes sur les territoires de
Sempigny et de Pasael.

17 Août.

1419. — Le capitaine de Noyon, de Canny,
reçoit de l'échevinage une torche pour aller
sur les murailles, et visiter les fortifications de
la ville.

1458. — La peste exerce ses ravages dans la
ville de Noyon ; les chanoines cessent leurs
fonctions pendant deux mois.

1522. — Quatre mille aventuriers, sous les
ordres du capitaine général de Montgommery,
chevalier, sont passés en revue à Beaurains,
près de Noyon.

1591. — Des brèches sont ouvertes dans les
murailles de la ville de Noyon, l'assaut est im-
minent ; le chapitre de la cathédrale fait représenter à l'échevinage la nécessité d'une capitulation et le gouverneur Regnde de Lille,
parlemente avec le maréchal de Biron. Noyon
ouvre ses portes au roi Henri IV qui fait son
entrée dans la ville.

1744. — L'évêque de Noyon ordonne de con-

tinuer les prières publiques pour la santé du
roi Louis XV « bien que les dernières nouvelles
rassurent infiniment. »

18 Août.

1432. — Le chanoine Jean Caron donne à la
bibliothèque du chapitre de Noyon plusieurs
volumes consistant en un commentaire de Nicolas de Lyre sur la bible.

1504. — Translation des reliques de la châsse
de Sainte-Godeberthe dans un autre reliquaire.
Cette cérémonie eut lieu à Noyon en présence
de plusieurs évêques et d'abbés.

19 Août.

1591. — A midi le gouverneur Roguée de
Lille remet la place de Noyon aux mains du
roi, et sort de la ville avec la garnison, tandis
que les troupes royales font leur entrée. Les
garde-fou de la porte Dame-Journe, ayant cédé
sous le poids, beaucoup de malheureux tombè-
rent dans le fossé et y trouvèrent la mort.

1804. — Mort à Commenchon de Louis-Jo-
seph Schérer, général d'armée, ministre de la
guerre : il fut enterré dans le cimetière de la
commune.

20 Août.

1358. — Convocation dans la ville de Noyon
des trois états du bailliage de Vermandois pour
voir quels châteaux de la province il convien-
drait de détruire et pour aviser aux moyens de
réparer les désastres causés par les *Jacques*.

1501. — Lettres du roi ordonnant à l'évêque
de Noyon de faire chanter un *Te Deum* pour
la réduction du royaume de Naples.

1501. — Le roi Henri IV fait son entrée dans
la ville de Noyon et frappe les habitants
d'une imposition de trente mille écus d'or soleil (trente-deux mille francs.) Antoine d'Estrées est nommé gouverneur par le roi. L'abbé
de St-Barthélemy fut exempt de cette taxe, pour
des raisons particulières.

1655. — Mort de Henri de Baradat, évêque
et comte de Noyon, à trois heures après-midi,
âgé de soixante ans, après trente-quatre ans
d'épiscopat. Le mardi qui précéda sa mort arrivée un vendredi, il était allé en carrosse rendre visite aux capucins.

1719. — Les archers de Noyon se rendent à Roye pour prendre part au prix provincial tiré dans cette ville. Ils ne gagnèrent aucun prix.

1792. — Les membres du conseil du district de Noyon, adressent une proclamation à leurs concitoyens, au sujet de l'élection des députés à la Convention nationale.

21 Août.

1478. — Guillaume de Marafin, évêque de Noyon, assiste dans la collégiale de Saint-Quentin, à la translation des reliques de Sainte Hunégonde, et reçoit des chanoines une partie de ces reliques pour sa cathédrale.

1591. — Henri IV, après la prise de Noyon, se dirige vers Ham à la rencontre du duc de Mayenne qui ne sortit pas de la ville, et se contenta de faire tirer quelques coups de canon.

1793. — Les frères de la doctrine chrétienne de Noyon sont portés sur la liste des suspects par le comité révolutionnaire.

22 Août.

1313. — Décès à Avignon d'André de Cressy, ancien évêque de Noyon. Il était frère de Jean de Cressy, évêque de Meaux.

1498. — Jean Milet, évêque de Soissons, fonde, dans la cathédrale de Noyon, un obit pour lequel il donne quatre cents livres, et lègue aux églises de Noyon, de Laon et de Meaux, à chacune vingt-cinq livres parisis.

1558. — Le chapitre de Noyon décide que vu les courses continuelles des ennemis et le peu de sûreté de la ville, les chanoines pourront se retirer où bon leur semblera.

1656. — Entrée de Louis XIV à Noyon; il est reçu avec les honneurs accoutumés. Le roi était à cheval et ne fit que traverser la ville pour se rendre à Lille.

23 Août.

1418. — Une décision du chapitre de Noyon confirme la nomination du sieur de Genlis, comme capitaine de la ville.

1572. — Charles de Ferrières, connétable des arquebusiers de Noyon, au nom de la connétablie, autorise un voisin à appuyer sa maison contre le bâtiment élevé dans le jardin de l'arquebuse, longeant le rempart situé entre la rivière du moulin d'Andeux et la rue de la Boissière. Le jardin avait son entrée rue des Tanneurs ; on voit encore à la porte des trophées de canons et de boulets.

1635. — Arrêt de la cour du parlement qui décide plusieurs questions soulevées entre le chapitre de Saint-Quentin et l'évêché de Noyon, occupé par Henri de Baradat.

1795. — Exhumation des reliques de la cathédrale de Noyon ; elles avaient été cachées, pendant la révolution, par Eustache Rohault, sacristin dans le préau servant de cimetière.

24 Août.

1468. — Louis XI arrive à Noyon, il est harangué par le doyen du chapitre Bouillé. Le roi assiste au *Te Deum* chanté dans la cathédrale et admire les vitraux sur lesquels était représenté l'empereur Charlemagne.

1572. — Massacre de la Saint-Barthélemy dans lequel périssent Pierre Ramus, natif de Cuts, philosophe distingué, et l'amiral de Coligny, gouverneur général de Picardie.

1567. — Le roi Charles IX fait son entrée à Noyon. La harangue fut faite par Me Loys Chastellain. Charles Rocq, Claude Marty, Jehan de Partenay et Gérard de Bary portèrent le poêle. La municipalité alla au-devant du roi jusques à Saint-Ladre.

Le roy entendit les vêpres à l'église Notre-Dame et s'en alla coucher à Ourscamps.

1748. — Autorisation accordée à messire Durandès, chanoine de Noyon, de publier un ouvrage ayant pour titre : *Recueil de plusieurs décisions importantes sur les obligations des chanoines.* Ce livre fut imprimé chez Pierre Rocher, imprimeur de l'évêque de Noyon, 1751, seconde édition.

1751. — Arrêt du conseil d'État du roi ordonnant la perception des octrois dans les faubourgs et banlieue de Noyon.

1774. — Pose de la première pierre de l'écluse de Sempigny, sur la rivière d'Oise. Les travaux suspendus ne furent repris qu'en 1811 et terminés en 1813.

25 Août.

1591. — Lettres-patentes de Henri IV datées

de son camp, près de Noyon, ordonnant aux trésoriers-généraux de payer aux reliquaires du Mont-Renaud cent trente-trois livres, seize sols, huit deniers de rente.

1708. — L'évêque de Noyon François de Châteauneuf, prête serment entre les mains du roi. En 1713, il prend rang à la cour du Parlement et obtient en commande l'abbaye de Saint-Riquier.

1790. — Entrée en fonctions du premier juge de paix de Noyon.

Voici, à ce sujet la liste de tous les juges de paix, depuis l'époque de la fondation :

MM. Lenrumé, nommé en 1790 ; Hucher, en 1792 ; Lenrumé (deuxième nomination), en 1793 ; Legrand, en 1795 , Warnier, en 1801 ; Chardon, en 1818 ; De Roucy, en 1824 ; Villain, en 1830 ; Vallée, en 1836 ; Doliencourt, en 1846 ; Duval, en 1848 ; d'Hubert, en 1849 (18 février) ; Bretagne, en 1849 (3 août) ; Antoine, en 1853 ; Degouy, en 1857 ; Seguier, 1865.

26 Août.

1346. — Bataille de Crécy à laquelle assiste Mathieu de Roye, et dans laquelle périrent un grand nombre de chevaliers du Santerre.

1364. — Arrêt du Parlement rendu entre l'évêque de Noyon et Jean Riol, bailli de Valois, pour raison d'un clerc tonsuré pendu par un jugement du bailli. Il est dit que le clerc sera dépendu et enterré avec honneur en présence du bailli.

1419. — Décès de Jean Lefebvre, dit *Brissemontier*, abbé de Saint-Barthélemy de Noyon, qui avait fait bâtir le cloître, le dortoir, et meubler la sacristie de l'abbaye. Il s'était démis de ses fonctions en 1416.

1704. — Nomination de brigadier des armées du roi de Louis-Jacques des Acres de Laigle, chevalier, marquis de Laigle, qui forma un régiment d'infanterie portant son nom. Il épousa en secondes noces Gabrielle de Château-Thierry, veuve du baron Ray, père de la dame Dupleix de Bacquemont, dont il eut un fils.

27 Août

1214. — Bataille de Bouvines dans laquelle Ferrand de Portugal, comte de Flandre, fut fait prisonnier ; il mourut à Noyon, en 1235, après deux ans de captivité ; ses entrailles furent déposées dans la chapelle Saint-Éloi de la cathédrale, comme l'indique un dystique latin placé sur sa tombe.

1484. — Le chapitre de Noyon décide capitulairement que les robes des enfants de chœur seront fourrées d'une peau blanche. En 1589, elles furent fourrées de rouge, puis de violet, en 1883.

1404. — Ordonnance qui charge « un laïc expert » de rendre la justice civile pour le chapitre de Noyon. Le chef-lieu de cette justice était la porte Corbault, où l'ancienne prison ; on montre encore ses barreaux sur l'emplacement du *Castellum* primitif.

1509. — Naissance à Noyon, de Thomas Fertile qui devint un missionnaire apostolique célèbre, et qui fut nommé supérieur du séminaire romain où il mourut vers 1651. Il a traduit, en Arabe, les quatre livres de l'imitation de Jésus-Christ.

1663. Installation dans l'ancien local de St-Jacques de l'hôpital général de Noyon.

1708. — Marguerite de Chilly, supérieure des Ursulines de Noyon, passe avec les maire et échevins de Noyon, un nouveau traité pour avoir droit de continuer et jouir d'un pouce d'eau pris sur la fontaine de la ville, à la condition de rendre un pouce d'eau aux habitants de la rue du *Gard*.

1770. — Distribution des prix du collège de Noyon, dirigé par M. Leroy, chanoine, sous la présidence de l'évêque de Broglie, comte de Noyon. Elle fut précédée d'un exercice de seconde et de troisième qui fut fait par les élèves Lejeune, Roussel, Naudé et autres aux applaudissements du public.

26 Août.

1422. — Les archers et les arbalétriers de Noyon assistent au siège de Compiègne, sous les ordres du roi Charles VII et s'emparent de cette ville sur les Anglais et les Bourguignons.

1475. — Montre ou revue passée à Noyon, de cent hommes d'armes et de deux cents archers parmi lesquels étaient : Jacques de la Chêne, Romain de Montigny, Grandjean de Domfront et autres.

1785. — Exhumation des reliques de la cathédrale de Noyon ; elles se composent des restes de saint Éloi, de saint Médard, de sainte Godeberthe, de saint Monnelin et d'autres dont l'authenticité est reconnue. Ces reliques avaient été enterrées dans le préau par le sacristin Rohault.

1811. — La loge maçonnique de Saint-Quentin fait offrir à Honorine Gossard, de Pontoise, une médaille d'or et une couronne de lierre, pour la récompense de son dévouement filial.

1846. — M. Alphonse Donné, docteur en médecine, né à Noyon, publie chez J.-B. Ballière, son « *Cours de microscopie, complémentaire* « *des études médicales ; anatomie microsco-* « *pique et physiologie des fluides de l'écono-* « *mie.* »

Cet ouvrage obtint beaucoup de succès. Le docteur Réveillé-Parise en fit de grands éloges dans son feuilleton scientifique du *Journal des Débats.*

29 Août.

1418. — Le capitaine du fort de Choisy-au-Bac demande à la ville de Noyon de lui envoyer trente archers et arbalétriers et six quennes de vin ; la ville ne lui donna qu'une quenne de vin.

1619. — Par un acte passé à Roye, Louis d'Estournel, baron de Surville, donne à la chapelle Notre-Dame de Moyenpont cinquante journaux de terre sis sur le terroir de Driencourt.

1636. — La peste désole la ville de Noyon et fait de nombreuses victimes. L'échevinage prescrit comme mesures hygiéniques la propreté des rues et des maisons particulières.

1775. — Les chevaliers de l'arc de Noyon présentent un mémoire à la municipalité établissant la possession de la primauté dans les cérémonies publiques. Ils demandent à être maintenus dans leurs droits et privilèges.

30 Août.

1583. — On aperçoit dans le ciel un dragon de feu vomissant de grandes quantités de flammes et les habitants du Noyonnais furent atteint d'un mal ardent qui les dévorait. Beaucoup moururent ; ceux qui survécurent avaient perdu les pieds ou les mains.

1656. — L'évêque de Noyon, Henri de Baradat, institue dans l'église de Tracy-le-Mont, une confrérie du Saint-Sacrement.

1678 — Antoinette Lefebvre, supérieure des Ursulines de Noyon, achète des demoiselles *Le Fez*, de Noyon, le fief de Martroy, au terroir d'Ercheu.

1799. — Exercice public littéraire donné par les élèves du pensionnat Henry de Noyon, dans une des salles de l'abbaye de Saint-Eloi.

1793. — Les représentants du peuple Isoré et Collot-d'Herbois, commissaires de la Convention, se rendent à Noyon pour faire arrêter les suspects qui sont conduits au château de Chantilly, transformé en prison.

31 Août.

1403. — La ville de Noyon achète une maison et un jardin pour établir les *berceaux* des arbalétriers de la ville.

1500. — Gérard Calvin, père de Jean Calvin, est nommé par les chanoines procureur du chapitre pour poursuivre les scandales.

1591. — Henri IV quittant le camp de Pierrefonds arrive à Noyon avec le comte d'Essex, favori de la reine d'Angleterre, qu'il festoya pendant trois jours.

1644. — Lettres-patentes de Louis XV confirmant les archers de Noyon dans les privilèges et les exemptions accordées par ses prédécesseurs pour les services rendus au pays par les milices de la ville.

1er Septembre.

1197. — Etienne de Nemours, évêque de Noyon, autorise dans son église le jugement par le duel autrement dit : la *Monomachie*. L'abbé de Saint-Eloi pouvait permettre le duel dans son abbaye et le chantre de la cathédrale était tenu de s'y rendre pour lui donner conseil. Le jugement par l'eau froide était aussi en usage à Noyon, ainsi que l'épreuve par le fer rouge, qui se pratiquait sous le porche de l'église.

1550. — Marie de Hangest, dame de Becquigny et de Bovelles, épouse Michel de Lignières, seigneur d'Elincourt-Sainte-Marguerite, gentilhomme de la chambre du roi et qui portait : *d'argent à la croix ancrée de gueules.*

17.

2 Septembre.

1426. — Sur la présentation par le chapitre de Noyon d'une liste de deux chanoines, Jean de Mailly est reçu évêque de Noyon, en vertu des lettres du pape Martin V.

1591. — Henri IV campé devant la ville de Noyon accorde au chapitre la main levée des saisies de biens faites sur les chanoines.

1606. — Antoine Boumoulle de Tracy-le-Mont tente d'assassiner sa femme, grosse de sept mois, à coup de couteau. Il se frappe avec la même arme, et se jette dans un *routoir* (mare où l'on fait rouir le chanvre).

3 Septembre.

1301. — Charte du roi Charles VII, datée de Compiègne, accordant, moyennant cinq cents francs d'argent et cent francs d'or par an, pendant 25 ans, le privilège aux juifs lombards, Perins, Bellet, Goibert et Richard, de demeurer pendant quinze ans dans la ville de Noyon, pour y faire le commerce et prêter de l'argent. Ils donnèrent leur nom à la *rue des Juifs* qui va de la rue des Boucheries à celle du Baut.

1655. — Louis XIV fait son entrée dans la ville de Noyon, toute la bourgeoisie est sous les armes. Les cloches sonnent à toute volée et l'échevinage lui présente, à genoux, les clefs de la cité.

1787. — Décès de Gabriel Le Pelletier, curé de Tracy-le-Mont; depuis le 1er janvier 1686, « il prétendait être de la famille *Le Pelletier des Forts* dont il faisait porter la livrée à deux domestiques, l'un lui servait de cocher et l'autre de laquais lorsqu'il allait en campagne. »

4 Septembre.

1381. — Pierre d'Ailly, natif de Compiègne, docteur en théologie, est reçu chanoine de l'église de Noyon, et chantre de la cathédrale en janvier 1381. Il fut l'un des bienfaiteurs de l'église de Noyon et fonda un obit pour l'archidiacre Raoul son cousin, aussi chanoine de Noyon.

1408. — Le maïeur de Noyon, J. Coqt fait part au conseil de ville des lettres du duc de Bourgogne demandant des secours en hommes d'armes pour s'opposer aux invasions des Anglais.

1576. — Pierre de Roguée, chevalier, seigneur de Ville et de Neuflieux, gouverneur de Noyon, épouse Jossine Duchemin, fille du seigneur du Mirail, chevalier des ordres du roi.

1617. — Charles Calvin, de Noyon, devient curé de Roupy, par échange de sa chanoinie de Nesle avec Jean Havart.

1685. — Arrêt du Parlement ordonnant que l'usage des notaires du Chatelet de Paris sera suivi par les notaires de province. Cet arrêt fut rendu à propos de Me Odemps Antoine, notaire à Lassigny, de 1678 à 1714. Ce règlement lu au bailliage de Noyon, obligeait les tabellions à ne faire dans leurs actes aucune abréviation concernant les chiffres et les noms propres.

1729. — Les chevaliers de l'arquebuse de Noyon, (les *friants*, au nombre de dix, assistent au prix général tiré à Compiègne. Ils portaient l'uniforme de drap couleur lie de vin, avec un bordé et des boutons d'argent des deux côtés ; le capitaine était en habit rouge brodé d'or, culotte et bas de même couleur. Ils ne remportèrent aucun prix.

1800. — Naissance au château de Salency de Léon-Marie-Pierre Mégret de Devise qui fit une partie de ses études à Noyon et qui entra à Saint-Cyr à dix-sept ans ; il fit les campagnes d'Algérie, et se retira à Salency avec le grade de Capitaine. Il mourut au château le 24 décembre 1862.

5 Septembre.

1304. — Décès d'Agnès de Loisy, dame de Cuts ; elle fut inhumée dans l'abbaye d'Ourscamp, à laquelle elle donna quelques biens.

1591. — Le duc de Montpensier arrive à Noyon, où était le roi, avec une compagnie d'hommes d'armes et ses gardes.

1615. — Le prince de Condé écrit de son camp devant Noyon, à la cour du Parlement pour obtenir l'élargissement d'un gentilhomme de sa suite porteur d'une commission pour lever des gens de guerre, et qui avait été arrêté à Chartres.

1730. — Arrêt du Conseil d'Etat qui maintient l'évêque de Noyon dans le droit de travers dans la ville, et de pontenage sur l'Oise, à Pont-l'Evêque et à Pontoise.

1793. — Mise en accusation de Lebrun Tondu de Noyon, ministre des affaires étrangères; il parvient à s'échapper et se retire dans sa famille.

6 Septembre.

1581. — Louis de Hacqueville, écuyer, seigneur de Deniécourt et d'Attichy, fait à l'évêché de Noyon, le dénombrement du fief de Deniécourt sis à Avricourt.

1710. — Contrat d'aliénation fait au nom du roi au profit de Louis, comte de Guiscard, lieutenant-général des armées du roi, des petits droits domaniaux et seigneuriaux restant au roi dans le domaine de Chauny, non compris dans le contrat d'échange passé entr'eux; lesdits droits consistant en celui de pêche sur la rivière d'Oise, et moyennant treize mille six-cent cinquante livres Le comte est autorisé à faire exercer la justice par son bailli et par les officiers du marquisat de Guiscard.

7 Septembre.

1516. — Antoine de Ravenel, écuyer, seigneur de Fouilleuse, vend à François de la Viefville, seigneur de Porquéricourt, les fiefs assis au terroir de Devicourt (Avricourt).

1845. — Le docteur Alphonse Donné, docteur en médecine ex-chef de clinique de la faculté de Paris et professeur de microscopie, écrit à l'*Echo de l'Oise* une lettre sur le voyage de la reine Isabelle, du duc et de la duchesse de Montpensier à Pampelune. M. Donné, gendre du docteur Richard, donne des détails très intéressants sur les fêtes célébrées à l'occasion de l'entrée de la reine et des princes à Pampelune; sa description des courses de taureaux, notamment est d'une réalité saisissante.

8 Septembre.

1390. — Pierret Fournet, chevaucheur du roi, vient trouver Charles VI qui était alors à Noyon et qui était logé à l'abbaye de Saint-Eloi. Après le diner le roi avec son frère, partent pour Compiègne.

1435. — L'abbé d'Ourscamp, Jean de Canny, Pierre Martin et Larche, députés de Noyon, à Arras, sont invités à diner par le duc de Bourgogne.

1793. — Un convoi de trente personnes arrê-

tées comme suspectes, quitte Noyon pour se
diriger sur Chantilly. Des voitures se brisent
en route, plusieurs détenus sont grièvement
blessés, les autres restent quarante-huit heures
sans repos, exposés aux menaces et aux provo-
cations de leur escorte. Parmi les détenus
étaient :

Balanzac, mis en liberté le 9 décembre.
Reneufve J.-B., transféré à Liancourt en juillet.
Fremont Louis-François, id.
Reydelet Jean-François, id.
Petitpain Claude-François, id.
Pruz Jean-François, id.
Boulogne Pierre et Michel, id.
Chocus Antoine, marchand à Attichy, trans-
féré à Liancourt en juilllet.
Toussaint, marchand, mis en liberté le 9 no-
vembre.
Cabour, homme de loi, mis en liberrté le 9
novembre.
Cabrière Joseph-Gaspard, transféré à Lian-
court.
De Langres Joseph-Marie, transféré à Lian-
court.
Berton Duprat Louis-François, transféré à
Liancourt.
Godefroy. frère. transféré à Liancourt.
Vergèze Léon Bernard, id.
Labreuil-Dantier Jean, id.
Le Blond de Gaverolles, mère, est transférée
à Nointel, le 9 thermidor, ainsi que sa fille et
son fils.

1841. — Inauguration à Noyon de la fête annuelle de septembre, autorisée par décret de
1840.

La municipalité fit un appel chaleureux aux
marchands étalagistes, artistes forains de la
contrée. Il y eut de belles illuminations, courses de bagues à ânes, mat de cocagne, danse-
publiques et gratuites.

9 Septembre.

1329. — L'archevêque de Reims, Guillaume
de Trie, réunit à Compiègne les évêques de
Laon, de Châlons, de Noyon, en conseil provincial. Les pièces du concile publient sept canons concernant l'excommunication.

1426. — L'échevinage de Noyon décide d'envoyer au duc de Bourgogne six hommes d'armes. montés et armés, six archers payés à rai-

son de huit sols par jour pour les premiers, cinq sols quatre deniers pour les archers.

1432. — Le maïeur de Noyon, accompagné du maire, de métiers se rend à la cathédrale et invite Gourdain, coupable d'assassinat, de se remettre entre ses mains, lui affirmant qu'il aura la vie sauve. Gourdain se livre au mayeur qui le conduit à l'évêché, où il est enfermé dans un lieu nommé les *trois écus*.

1561. — Colloque de Poissy dans lequel prend la parole Théodore de Bèze, prieur de Villeselve (près de Guiscard), qui fut un des disciples de Calvin. A cette même réunion assistent Nicolas Le Breton, doyen du chapitre de Noyon, et Antoine Democharès de Ressons, chanoine.

1628. — Nicolas des Acres de Laigle, chevalier, baron de Laigle, est tué au siège de La Rochelle ; il avait épousé, en 1612., Geneviève, la fille du seigneur de Silly, dont il eut cinq enfants.

1720. — Décès de Louis Vaillant, doyen du chapitre de la cathédrale de Noyon, il fut remplacé par Charles de Théis, natif de Chauny, qui mourut à Noyon, le 19 novembre 1724.

1766. — L'évêque Charles de Broglie, fait, avec le cérémonial ordinaire, son entrée dans la ville de Noyon, sur les trois heures après-midi. Il avait déjà pris possesion de son évêché, par un procureur.

1856. — La société des antiquaires de Picardie tient des assises archéologiques à Noyon ; Un grand nombre de savants assistent à cette réunion qui fut très brillante.

10 Septembre.

1435. — Jean II de Mailly, évêque de Noyon, assiste dans la cathédrale de Paris au sacre d'Henri VI, roi d'Angleterre. Il fut un des juges de Jeanne d'Arc.

1640. — François Boulanger, curé de Varesnes informe l'évêque de Noyon que des protestants, sont venus enlever le corps de Nicole Peignet, enterré dans son jardin, pour le déposer sur la place publique, au pied de la croix.

1770. — Arrêt rendu sur requête à la cour du Parlement défendant de mettre à exécution le règlement du bailliage de Noyon concernant la mouture des grains comme attentatoire aux droits de l'évêque qui a la police dans la ville et les faubourgs.

1835. — Mlle Thérèse Grégoire, propriétaire à Babœuf, lègue aux pauvres de sa commune, trois hectares de terres labourables, dont les revenus sont employés en médicaments.

11 Septembre.

1224. — Guy des Prez, évêque de Noyon, permet aux chanoines de Sainte-Croix de construire une église à Coudun, et il règle en même temps ce qui concerne l'exercice du culte.

1250. — Par une charte datée de Noyon, saint Louis confirme à l'Hôtel-Dieu toutes ses possessions. Jusqu'au XVIe siècle on conserva dans l'hospice une table de pierre sur laquelle le roi pansait les malades.

1299. — Philippe le Bel donne commission à l'abbé Saint Corneille de Compiègne et à Guillaume d'Hangest, bailli du Vermandois, de se rendre à Noyon pour aviser aux moyens de réparer les désastres causés par un incendie qui, en 1293, avait réduit cette ville en cendres.

1709. — Ordonnance du maire et des échevins réglant le pas et le droit de préséance des compagnies d'archers et des milices bourgeoises, dans des cérémonies publiques qui ont lieu à Noyon.

12 Septembre.

1588. — Rédaction par les habitants de Noyon des mémoires contenant les remontrances à faire aux Etats qui devaient se tenir à Blois et qui devaient être présentés par les députés de la ville.

1591. — Henri IV accueille favorablement une requête du chapitre de Noyon tendant à ce qu'il soit fait défense à l'échevinage de comprendre les ecclésiastiques dans les rôles pour les garnisons, le guet, la garde et autres servitudes.

1779. — Mandement de l'évêque de Noyon, de Grimaldi, contre lequel protestent les chanoines de la cathédrale. Un procès s'engage, mais la Révolution vint y couper court. L'évêque de Noyon se réfugia à Londres, où il mourut en 1806, protestant contre le Concordat qui supprimait le siège de Noyon.

1793. — Un convoi de vingt-trois personnes arrêtées comme suspectes quitte Noyon se dirigeant vers la prison de Chantilly. On remarque parmi elles : Pierre-Armand Richouff, trois sœurs de charité mises en liberté le 9 novembre, Sézille, lieutenant au bailliage, Legrand, avoué, veuve Anquetil, Sézille Dubual, Ancelin veuve tous mis en liberté, Louis-Charles Margerin, transféré à Nointel le 9 thermidor. Le lieutenant général Sézille devait son emprisonnement à ce seul fait « qu'il n'avait pas voulu se faire liquider pour son office, » et Margerin, procureur syndic du district pour avoir dit « que Robespierre était un coupe-jarret. »

1830. — Fête patriotique donnée par la ville de Noyon à l'occasion de l'avènement au trône du roi Louis-Philippe. Partout régnait le plus vif enthousiasme ; les idées libérales animaient l'esprit des habitants.

13 Septembre.

1485. — Publication de la coutume de Noyon et des environs concernant la location des terres, la saisie des récoltes et le privilège du bailleur, par Quentin Dubois, écuyer, conseiller du roi, garde du scel royal de la baillie de Vermandois, en l'exemption de Chauny.

1449. — Par contrat passé chez Adam Lepovre, tabellion royal à Noyon, Raoul de Flavy achète à Guillaume de Villers, écuyer, la seigneurie de Metz à Dreslincourt, moyennant trois cent trente-six écus d'or.

1515. — Bataille de Marignan dans laquelle fut blessé Erich de Richouff, et fut tué Antoine de Roye, seigneur du Plessier-de-Roye, qui est représenté sur une verrière de l'église paroissiale.

1539. — Messire Comtesse, curé de la paroisse de Croutoy, assiste à la rédaction des coutumes du Valois, ainsi que dom Denis Rapouel, prêtre, religieux, prieur de Lacroix-St-Ouen.

1542. — Le comte de Reux menace de faire brûler Noyon « par subtil moyen ». La Chambre renforce la garde des remparts et fait surveiller les portes de la ville par vingt hommes bien armés.

1591. — Le chapitre de Noyon obtient une

quittance de Guillaume de Balthazar Gobelin, trésorier du roi, pour les quinze mille écus d'or payés par le clergé de la ville, à l'occasion de la prise de Noyon.

14 Septembre.

1355. — Accord entre Gilles de Lorris, évêque de Noyon et les bénédictins de Saint-Nicolas-des-Prés-sous-Ribemont, portant que l'évêque et les religieux nommeront alternativement à la chapelle Saint-André, dans l'église de Fontaine-les-Coppy.

1354. — Le tiers-état des trois bailliages du Vermandois est convoqué à Noyon, pour voter une imposition de six deniers par livre, afin de continuer la guerre.

1381. — Réception de Pierre d'Ailly, natif de Compiègne, comme chanoine de Noyon. Il fut aussi reçu chantre de la cathédrale le 8 janvier 1386. Pierre d'Ailly devint évêque, archevêque et cardinal.

1562. — A la suite des informations judiciaires faites dans la ville de Noyon contre les réformés, la Chambre décide que Jehan Lacomble, couvreur, Pierre de Adohuye, Jacques François, serruzier, Eustace et Eloy Marguette, couvreurs, Jacques Stognart, coustellier, Symon Gervais, cordonnier, la femme de Jacques Verrier, murguinier, Foursy Vérouille, Jehan Millet et la femme de M⁰ François Bergeron se rendront prisonniers entre les mains de Monsieur l'official du chapitre de Noyon pour faire leur procès.

Quant à M⁰ Loys Chastellain, lieutenant, et sa femme, Robert Martine, prévôst Royal, M⁰ Pierre le Clerc, avocat du roi, M⁰ Gabriel Geuffrin, procureur du roy, M⁰ François Bergeron, bailli du comté, M⁰ Anthoine Dartois, avocat, M⁰ Hilaire Guérin, procureur, Jehan Lambert, sergent, Philippe de Vrely, greffier du lieutenant, Laurent Dartois, greffier du prévôt, Laurens Geuffrin, notaire, Martin Mollet, chirurgien, Guillaume Martine, chanoine, M⁰ Adrien Chastellain, procureur de Saint-Blaise, et 32 autres Noyonnais, devront se relever par devers le Parlement pour se faire faire leur procès.

Gabriel Geuffrin et Anthoine Dartois furent renvoyés simplement par la cour ; ils reprirent possession de leur office vers la fin de septemvre.

Les autres expulsés ne tardèrent pas à rentrer à Noyon ; une profession de foi étant exigée d'eux, ils devaient la faire « publiquement « au prétoire de l'officier de justice en jour de « plaid où est appelé le procureur de la ville et « autres qu'il appartient. »

1720. — Prix général de l'arquebuse rendu à Compiègne auquel assistent les arquebusiers de Noyon dits *les Picards*.

1851. — Inauguration de la statue de Jacques Sarrazin, sculpteur et peintre du pape Clément VIII et du roi Louis XIII, né à Noyon en 1590. Une foule considérable assiste à cette cérémonie que préside Léon Faucher, ministre de l'intérieur. Toutes les autorités du département, les députés, des membres de l'institut se pressent au pied de la statue élevée sur le Cours.

15 Septembre.

1465. — Coutume de Noyon concernant la location des terres et les droits du bailleur, affirmée devant Philippe Lecomte, tabellion royal à Noyon, par Jacques de Savense, écuyer, capitaine de Noyon, Pierre Palette, maire de Noyon, Richard Germain, receveur des aides et autres notables.

1518. — Une procession solennelle a eu lieu à Noyon, afin d'obtenir la victoire sur les Turcs, dans la bataille qui devait se livrer le dimanche suivant « selon l'avis donné par le pape Léon. »

1679. — Mort à l'âge de cent un ans de Jean Calvel, natif d'Élincourt-Sainte-Marguerite, et curé de cette paroisse ; il fut inhumé dans le chœur de l'église.

1771. — Louis-Antoine du Prat, marquis de Barbançon, seigneur de Canny, Pontoise, Morlincourt, Babœuf, Appilly, fait avec Antoine Danré, seigneur de Salency, une délimitation entre leurs seigneuries de Morlincourt et de Salency.

1793. — La municipalité fait brûler sur « la place de la Montagne — actuellement le Cours — les titres, cahiers de reconnaissance de censive, dénombrements, présentations d'hommes vivant et mourant, cœuillerets des seigneuries suivantes: Vauchelles, Porquéricourt, Candor, Genvry, Lagny, Cuy, Dives, Quesmy, Éterpiguy, Varesnes, Pontoise, Couarcy, Beaulieu, Écuvilly, Béhéricourt, Grandrû, Campagne, Frétoy, Bussy, Sermaize, etc.

16 Septembre.

1256. — Vermand de la Boicsière, évêque de Noyon, assiste à Péronne à la translation du corps de Saint-Furcy.

1465. — Lettres du roi Charles VIII adressées aux maires et échevins de Noyon, leur recommandant de mettre leur ville à l'abri de toute attaque.

1567. — Le cardinal de Bourbon, comme abbé commandataire de l'abbaye d'Ourscamp, assiste par son procureur, pour le temporel de Bas, Popincourt, Macquivillers et de Guny à la rédaction des coutumes. A cette réunion est aussi représenté l'évêque de Noyon, pour sa seigneurie de Wailly, village situé jadis entre Erchen et Cressy, aujourd'hui disparu.

17 Septembre.

1450. — Décès de Furcy de Brulles, natif de Péronne, docteur en décrets, archidiacre de la cathédrale de Noyon ; il donne à l'église de Cambrai l'image de la vierge peinte par saint Luc.

1425. — L'échevinage de Noyon décide que les arbalétriers de la ville qui se rendront au tir de Saint-Quentin, auront quatre livres pour les dédommager de leurs dépenses.

1554. — Jean de Hangest appelle auprès de lui Gentien Hervet « le phénix des savans de son âge » et le fait chanoine de son église et son grand vicaire.

1577. — Enregistrement au Parlement des lettres-patentes d'Henri III, donnant à Marie Stuart les bailliages de Noyon, Chauny, Roye, etc., en garantie de sa dot. La veuve de François II jouit pendant plusieurs années des revenus de ces bailliages.

1823. — Ordonnance royale fixant à cinq le nombre des notaires du canton de Noyon, ayant leur résidence dans la ville. En 1700, il y avait quatorze notaires dans l'étendue du bailliage de Noyon, un à Babœuf, un autre à Varesnes ; ce nombre fut réduit par extinction.

18 Septembre.

1413. — Lettres-patentes du roi ordonnant que Raoul de Gaucourt reprenne ses fonctions de capitaine de Noyon, en remplacement de Robert de Mailly, partisan du duc de Bourgogne.

1592. — Le roi Henri IV quitte la ville de Noyon se dirigeant vers Compiègne et Senlis.

1771. — Sentence du bailli général du chapitre de Noyon défendant aux officiers de police de la ville, de faire poser des affiches dans le cloître de la cathédrale, comme attentoire aux droits et privilèges des chanoines.

1793. — Les administrateurs du district de Noyon acordent aux habitants d'Elincourt-Sainte-Marguerite la cession d'une cloche provenant du prieuré, sous certaines conditions.

19 Septembre.

1501. — Lettres du roi adressée au bailli de Senlis et datées de Lyon, au sujet de l'élection d'un évêque de Noyon. Le roi recommande Charles de Hangest au choix des chanoines.

1531. — La reine de France, Eléonore d'Autriche, fait son entrée à Noyon ; elle est reçue à la cathédrale par le doyen Charmolue qui lui présenta le texte de l'évangile et la croix à baiser. Après les prières le chanoine Fabry lui fit une harangue.

1787. — Babeuf, feudiste à Roye, adresse à un de ses parents de Noyon, la lettre suivante : « Cher Monsieur, je t'en prie, envoie-moi de la monnaie, je me porte bien, je suis exactement sans le sou, et il me fait de la peine de changer... Alors à dimanche sans faut , ce que tu auras. Le pire encore c'est que M. Devin (*imprimeur*), m'écrit qu'il viendra à la Saint-Florent (*fête de Roye*) Il est passé onze heures de relevée.... Mes *antantions* à M. A. Lidié.

1840. — Ordonnance royale qui règle les alignements de la route départementale de Noyon à Villers-Cotterêts, dans la traversée de Pont-l'Evêque.

20 Septembre.

1417. — Le chapitre de Noyon tient ses réunions dans la maison du chanoine Barrois « à cause de la pollution de l'église arrivée par une grande effusion de sang. » Des prisonniers s'étant réfugiés dans la cathédrale en furent extraits par les ordres du bailli de Vermandois ; il y eut une collision et les sergents firent usage de leurs armes contre les prisonniers.

1557. — La ville de Noyon est prise par les Espagnols, livrée au pillage et aux flammes. Les ennemis l'occupèrent pendant trois mois.

1777. — Lettre du maréchal de Broglie adressée à l'évêque d'Amiens lui annonçant la mort de son frère, Charles de Broglie, évêque de Noyon.

1777. — Décès de M. de Broglie évêque de Noyon ; il fut inhumé dans la chapelle du palais épiscopal de Carlepont, où l'on voit sa pierre tombale avec cette épitaphe :

ICI REPOSENT
LES ENTRAILLES
DE REVERENDISSIME ET
ILLUSTRISSIME SEIGNEUR
CHARLES DE BROGLIE, ÉVÊQUE
ET COMTE DE NOYON...
20 SEPTEMBRE 1777, AGÉ DE 43 ANS
ET DIX MOIS.

1793 — Un troisième convoi de prisonniers part de Noyon pour le château de Chantilly : il se compose de trente-une personnes dont un grand nombre fut mis en liberté comme : Langlois de Plémont, sa femme et ses deux fils ; Marie-Françoise Leroux veuve Leféron est transférée à Liancourt ainsi que Nicole Leféron de Ville, maire, Jean Leféron, Marie-Jacques Leroux, Marie sa fille, Catherine Doucet, femme Leroux, Caroline Edmée, ses filles et son fils, Balthazar et Sézille curé et autres. Mlle Marie-Françoise Leféron, meurt en prison le 17 germinal. Des familles Leroux et Leféron étaient incarcérées parce qu'un de leurs membres avaient émigré.

1842. — M. Alphonse Donné, docteur en médecine, né à Noyon, publie son fameux ouvrage : « Sur la manière d'élever les enfants nouveaux nés. »

Cet ouvrage, qui contribua à la création du service officiel d'inspection des bureaux des nourrices, fit beaucoup de bruit dans le monde savant. Mme Fanny-Denoix en parla d'une façon très élogieuse dans le Journal des Débats.

21 Septembre.

1742. — Mort d'Armand Desmarets, seigneur de Beaurains, capitaine ; il fut inhumé dans l'église paroissiale près de ses parents.

1865. — Un incendie considérable réduit en cendres un grand nombre d'habitations du village de Morlincourt.

22 Septembre.

1572. — Mort au siège de Senlis, de Claude Belloy, fils de Guy, seigneur d'Amy, Hausseu, la Potière, Dreslincourt, capitaine dans la légion de Picardie. Claude fut inhumé dans l'église de Francières, comme seigneur du lieu.

22 Septembre.

1802. — Naissance à Bougancourt (Haute-Marne), du docteur Colson qui exerça la médecine à Noyon pendant cinquante ans. Praticien habile, archéologue distingué, le docteur Colson a fourni une longue et utile carrière.

1802. — Mandement de Desbois, évêque constitutionnel d'Amiens, Beauvais et Noyon, concernant la réorganisation des chapitres et la nomination des curés dans l'étendue du diocèse. Ce décret fut approuvé par le premier consul Bonaparte.

23 Septembre.

1719. — Décès de Louis-François d'Hautefort, seigneur de Béhéricourt, inhumé le lendemain dans l'abbaye Saint-Corneille de Compiègne.

1790. — Pétition faite en faveur de M. de Cizancourt, ancien receveur de la ville de Noyon, à présenter à l'assemblée nationale par des délégués nommés à cet effet, et protestant contre la nomination de M. Hannonet faite par les administrateurs du district en remplacement de M. Meniolle de Cizancourt, dont les services rendus donnaient droit à la reconnaissance publique.

1793. — Le Conseil du district de Noyon arrête qu'il sera donné aux trois écoles primaires une représentation de Bara.

1823. — Acceptation par le conseil municipal de Noyon des bâtiments de la gendarmerie contre ceux de l'ancien couvent des Ursulines, appartenant au département de l'Oise, à la condition de les tenir à la disposition de l'évêque diocésain.

24 Septembre.

1359. — Les habitants de Noyon achètent à prix d'argent le château de Mauconseil et le détruisent de fond en comble.

1555. — Ordonnance du roi Henri II qui établit dans la commune de Nampcel une foire au mois d'octobre et une autre au mois de janvier (fête des petits rois), ainsi qu'un marché le vendredi de chaque semaine, sur la demande du seigneur de Nampcel, l'un des cent gentilshommes de l'hôtel du roi, attendu que ce lieu est situé en bon et fertile pays.

1557. — Les chanoines de Noyon dispersés par le siège de la ville, tiennent une assemblée capitulaire dans l'église paroissiale de Pierrefonds.

1649. — Sentence des juges de la police de la ville de Noyon portant règlement entre les marchands de grains et les porteurs au sac du marché au blé de la ville.

25 Septembre.

1201. — Etienne de Nemours, évêque de Noyon, accorde à ses hôtes de Chiry, le bois mort et le pâturage dans la partie de la forêt de Laigue qui lui appartenait.

1502. — Charles de Hangest fait son entrée solennelle dans Noyon assisté des évêques de Laon et de Beauvais, d'un grand concours de noblesse et de peuple. Le chapitre alla processionnellement le recevoir jusqu'à la porte du castel avec l'eau bénite et les chappes.

1586. — Assemblée dans l'abbaye d'Ourscamp, des principaux chefs de la Ligue, sous la présidence du cardinal de Bourbon, abbé commandataire.

26 Septembre.

1672. — Décès de Gabriel Appert, avocat, natif de Roye-sur-Matz, et curé d'Elincourt. Il fut inhumé dans le bas-côté gauche de l'église Sainte-Marguerite.

1791. — Charles-Poitevin Messemy, président de l'assemblée électorale prononce dans l'église paroissiale de Noyon un discours patriotique, à l'occasion de huit curés élus la veille.

27 Septembre.

1516. — A cause de la « véhémence » de la peste qui règne à Noyon, les chanoines sont autorisés à quitter la ville jusqu'à la Saint-Martin.

1527. — Jean Calvin de Noyon est présenté à la cure Saint-Martin de Marteville, par le chanoine Antoine Fauvel. Deux ans plus tard, Calvin échangea ce bénéfice contre celui de Pont-l'Evêque.

1725. — Mandement de l'évêque de Noyon, de Chateauneuf de Rochebonne, prescrivant de chanter dans les églises du diocèse, un *Te Deum* en action de graces, à l'occasion du mariage du roi Louis XV.

28 Septembre.

1745. — Réception à Noyon du duc de Gèvres ; le corps de ville était allé à l'abbaye d'Ourscamp, rendre une visite officielle au gouverneur qui avait logé chez les religieux.

29 Septembre.

1727. — Louis-François Pigeon, prêtre, natif d'Avranches, est nommé curé de Tracy-le-Mont ; c'est sous son ministère que le sire Anjorrant, seigneur de Tracy, érigea un hôpital pour y élever douze filles et pour soulager les vieilles personnes hors d'état de travailler.

30 Septembre.

1413. — Hue de Sappignies, lieutenant du capitaine de Noyon, de Gaucourt, demande les clefs de la forteresse, que lui remet Jehan Boursenne, lieutenant de Robert de Mailly et capitaine.

1636. — Lettres de Louis XIII, datées de Roye, nommant Gilles de Charmoluc, lieutenant-général de Noyon, aux fonctions de lieutenant-civil criminel et prévost-royal de la ville de Roye.

1650 — Indulgences accordées par le pape aux confrères de l'ancienne confrérie de Saint-Eloi de Noyon, érigée en l'abbaye royale de Saint-Eloi.

1703. — Mandement de l'évêque de Noyon portant condamnation d'un imprimé intitulé : *Cas de conscience proposé par un confesseur de province touchant un ecclésiastique qui est sous sa conduite.*

1er Octobre.

1501. — Le chapitre de Noyon, est autorisé par le roi à faire choix d'un évêque, nommé Charles de Hangest, chanoine théologal, en présence des conseillers royaux et de Robert Thiboust, président du parlement.

1567. — Lettres du roi Charles IX datées de Paris adressées aux officiers, manants et habitants de Noyon, les avisant de l'arrivée de Roguée, seigneur de Ville, comme gouverneur de Noyon, et leur prescrivant de prendre les mesures nécessaires pour mettre la place en état de défense.

1808. — Une épidémie de fièvre muqueuse décime la population de Plessis-Brion, soixante trois personnes en sont atteintes; quatorze meurent victimes. La même affection règne encore pendant les mois d'avril et de mai 1810, et frappe mortellement dix-huit personnes.

2 Octobre.

1314. — Le roi ordonne aux habitants de Noyon de désigner trois notables pour composer l'assemblée chargée de régler le poids des monnaies.

1720. — Arrêt du conseil d'État concernant les travaux à faire à la cathédrale de Noyon. Un devis général avait été dressé par M. Rivié, grand-maître des eaux et forêts, avec le concours de Jacques Chandellier, arpenteur, priseur et estimateur, juré des maîtrises de Compiègne et de Laigue.

1828. — Une ordonnance royale fixe à Noyon l'école secondaire ecclésiastique du diocèse, appelée le petit séminaire.

3 Octobre.

1673. — Lecture et publication par l'évêque de Noyon, de Clermont-Tonnerre, de statuts synodaux dont les dispositions principales s'élèvent contre les superstitions, les sortilèges, les devins, les sorciers et ceux qui s'adonnent à l'astrologie judiciaire.

Le prélat s'exprime ainsi : « Les curés et vi-
« caires informeront notre archidiacre des su-
« perstitions dont on se sert sous prétexte de
« guérir les maladies et tiendront la main afin
« qu'elles soient absolument abolies, et qu'il ne
« reste aucun vestige d'erreur dans une religion

« toute pure, et que l'église n'ait pas le moin-
« dre commerce avec la superstition qui est son
« ennemie. »

1730. — Naissance à Noyon, de Christophe-
Jean-François Beaucousin, qui fut avocat à
Paris, et qui recueillit des documents sur sa
ville natale, conservés à la bibliothèque nationale.

1802. — Plantation d'une croix dans le cimetière de Noyon, en présence d'un grand nombre
d'assistants. Des filles vêtues de blanc repré-
sentaient la sainte Vierge, Marie Madeleine et
autres personnages. Ce calvaire avait été donné
par Pierre-Antoine Sézille, du Coisel.

1871. — Le maire de Noyon reçoit une dépêche du préfet de l'Oise lui annonçant l'évacua-
tion du département, par les troupes prussiennes. Les dragons bavarois logés depuis le 20
septembre, quittent la ville le 5 pour Coucy;
les jours suivants, passage de troupes jusqu'au 9.

4 Octobre.

1213. — Etienne de Nemours, évêque de
Noyon, affranchit le roi Philippe-Auguste de
l'hommage qu'il devait comme comte de Vermandois à l'évêché de Noyon. C'est ce prélat
qui fit construire le château de Carlepont et
qui donna aux habitants une charte communale.

1410. — Simon de La Fontaine, receveur des
aides à Noyon, touche du trésorier de France,
une certaine somme pour les ouvrages exécu-
tés au château de Bicêtre, près de Paris.

1815. — Mort d'Oberkampf, père du baron
Oberkampf qui acheta en 1825 le château de
Guiscard à la duchesse de Valentinois. Ce
grand manufacturier, d'origine allemande, fondateur de la manufacture de toiles peintes de
Jouy, et de la manufacture de coton d'Essonne.
Napoléon lui dit un jour : « Vous et moi, nous
ferions une bonne guerre aux Anglais, vous
par votre industrie, et moi par les armes. » Il
ajouta : « C'est encore vous qui faites la meil-
leure. »

5 Octobre.

1492. — Etienne de Nemours, évêque de
Noyon, confirme la donation faite par Jean,
châtelain de Noyon, à Jehan, seigneur de Cou-
dan, de quarante livres tournois.

1499. — Etat des recettes recueillies pour la châsse de Sainte-Godeberthe de Noyon, s'élevant à cinq cent trente-neuf livres parisis. C'est l'orfèvre Jean de Graval de Noyon, qui fit cette châsse, il y employa deux cents dix-huit marcs d'or.

6 Octobre.

1310. — Arrêt de la cour du Parlement mettant fin à un procès élevé entre l'évêque de Noyon et l'abbé d'Ourscamp, donnant gain de cause aux religieux.

1461. — Philippe le Bon, duc de Bourgogne, visite la cathédrale de Noyon et y fait ses dévotions.

1775. — Charles de Broglie, évêque, comte de Noyon, pair de France, autorise le couvent des Filles de la Croix de Saint-Quentin à emprunter six mille livres pour faire un achat d'immeubles destinés à agrandir leur monastère.

7 Octobre.

1575. — Le chapitre décide de procéder à la bénédiction de la cathédrale de Noyon « souillée par effusion de sang » lors de la prise et pillage de la ville.

1636. — Décès de François Lebrun, maître pâtissier de la ville de Noyon, qui fonda un anniversaire le jour de son décès. Il fut inhumé dans la cathédrale.

1645. — Donation par demoiselle Hélène Wattebot, fille de Me Pierre Wattebot, en son vivant greffier au bailliage royal de Noyon et de Marie de Montigny, d'une somme de six mille livres tournois à prendre, sitôt après son décès sur les plus clairs et libres deniers de sa succession pour les rentes de la dite somme être employées à marier et doter trois pauvres filles orphelines, nées à Noyon de mariage légitime, âgées au moins de 17 ans et vivant dans la religion catholique, apostolique et romaine.

Cette institution subsiste encore, mais le changement des mœurs a fait apporter quelques modifications aux dispositions par trop exclusives tracées par la bienfaitrice.

1769. — Pierre Hangard, natif de Péronne, est nommé doyen du chapitre de Noyon, en remplacement de Charles de la Cropte, nommé évêque d'Aleth.

1793. — Publication à Noyon du maximum des prix des denrées et marchandises de première nécessité, dressé par le conseil du district do Noyon, en exécution d'un décret de la convention nationale du 29 septembre.

8 Octobre.

1425. — L'échevinage de Noyon ayant appris que le service du guet était mal fait, décide que deux jurés des métier feront des rondes de nuit, et rendront compte de l'état des portes.

1468. — Louis XI se rendant à Péronne, traverse la ville de Noyon et fait ses dévotions à la cathédrale. Il est reçu avec les plus grands honneurs.

1686. — Procuration passée devant Neufville et Potier, notaires royaux à Noyon, donnée à Me Jacques Forestier, chanoine de la cathédrale, comme fondé de pouvoir du chapitre, pour la déclaration des biens de l'hôpital Saint-Jacques, des Capettes de Noyon, à faire au marquis de Neale et sis aux terroirs d'Ercheu et de Moyencourt (Somme).

1707. — Naissance au château de Cuy, de Louis-Paul Delafons, qui fut seigneur d'Ecuvilly de Cuy et Des Essarts.

1724. — Mandement de l'évêque de Noyon, de Chateauneuf de Rochebonne, ordonnant que les marguilliers de la paroisse de Salency paieraient huit setiers de blé et ceux de Dominois vingt-cinq livres pour les gages de la maîtresse d'école qui devait donner l'instruction primaire gratuite.

1787. — Décès à Carlepont de messire Hilarion de Panis de Soulanges, archidiacre et grand vicaire de Vannes ; il fut inhumé dans le chœur de l'église paroissiale.

1792. — Arrivée à Boulogne-la-Grasse d'une cloche donnée à la commune par le district de Noyon. Cette cloche provenait d'Hangest en Santerre elle avait été fondue en 1739 par Cavillier de Carrépuits et pesait deux mille quatre cents livres.

1815. — Mort au château de Beaurains, d'Armand-Emmanuel Desmarets ; arrêté, sous la Terreur, il fut enfermé au château de Chantilly et mis en liberté après la mort de Robespierre. Il était âgé de quatre-vingt-onze ans.

9 Octobre.

771. — Charlemagne est sacré roi des Français dans la cathédrale de Noyon, par le pape Étienne III.

1374. — Vente par Marie de Cressy à Renaut de la Chapelle, moyennant sept cents francs d'or, de la terre de Moyencourt et de ses dépendances, relevant de l'évêché de Noyon.

1793. — Les frères des écoles de Noyon reçoivent de la municipalité un certificat de civisme, ce qui ne les mets pas à l'abri des poursuites des patriotes qui les accusent de ne pas envoyer leurs enfants aux décades, dans le temple de la raison.

10 Octobre.

1430. — L'échevinage ordonne aux quarteniers de la ville de Noyon de visiter la place où sont les canons.

1501. — L'archiduc Philippe fait son entrée à Noyon par la porte Dame-Journe ; le doyen du chapitre et le corps de ville vont au-devant de lui jusqu'à l'arbre d'Aquilly. Le lendemain, il se présenta à la cathédrale et fut reçu avec tous les honneurs, comme le roi l'avait ordonné.

1522. — Un service solennel est célébré dans la cathédrale de Noyon pour le repos de l'âme du seigneur de Genlis, père de l'évêque de Noyon, Jean de Hangest.

1558. — Lettre du cardinal de Lorraine, archevêque de Reims, aux chanoines de Noyon les autorisant à jouir des bénéfices de leur église.

11 Octobre.

1354. — Lettres patentes du roi Jean assignant à l'évêque et au chapitre de Noyon, la prévôté de Roye, comme lieu de leur juridiction.

1636. — Certificat délivré par Jacques de Simianne, commandant pour le roi dans la ville de Noyon, attestant que les arquebusiers de Noyon avaient rempli leurs devoirs avec zèle, en se portant au-devant des Espagnols qui avaient passé la rivière de Somme et qui menaçaient la ville.

1647. — Les Bénédictins de Noyon obtiennent du Corps de ville la jouissance du rempart touchant à leur couvent, à la condition de faire construire une grande porte à chaque issue, et d'en remettre les clefs à la mairie pour s'en servir en cas d'urgence.

1790. — Assemblée générale des citoyens de Noyon, à l'effet de nommer des juges au tribunal du district.

12 Octobre.

1402. — Le comte de Saint-Pol écrit aux habitants de Noyon pour les engager à envoyer des secours en hommes, pour s'opposer aux ravages des Anglais. Il indique la date du 23, pour la réunion au Crotoy.

1625. — Délibération de l'échevinage de Noyon autorisant l'établissement dans la ville, des religieuses Ursulines pour l'instruction de la jeunesse.

1688. — Décès de Antoine de Monguiot, chevalier, seigneur de Cambronne et la Motte, capitaine de cavalerie, lieutenant-civil à Compiègne.

13 Octobre.

1567. — Le Conseil de Noyon décide qu'il « sera pris dans les greniers du petit Ourscamp « la quantité de 40 muids de blé pour être con-« vertis en farine et employés à la nourriture « des habitants et soldats de la ville. »
Pour payer la farine, les chanoines offrent à la ville une cloche cassée « de laquelle il y « auroit 49 pièces, le tout pesant 2450 livres « de poids de Paris. »

1623. — Décès de François Le Vasseur, chanoine et archidiacre de la cathédrale, oncle du doyen Jacques Le Vasseur, l'auteur des Annales de Noyon.

1623. — Un nommé Zacharie Lemoine, bailli de Chaulnes, bourgeois de Péronne, se brûle la cervelle d'un coup de pistolet. On instruisit son procès ; son cadavre après avoir été traîné sur la claie fut jeté à la voirie.

1783. — Louis Delacroix aîné, curé de Montaires, est élevé à la dignité de chanoine de la cathédrale de Noyon. Claude François, son frère, fut curé de Sainte-Godeberte et mourut en Angleterre.

14 Octobre.

1420. — Le bailli du Vermandois vient à

Noyon et demande à ce que la ville reçoive une garnison ; les habitants refusent en donnant la promesse de la défendre eux-mêmes et de la conserver au roi.

1435. — Le roi Charles VII établit à Noyon le siège de la prévoté de l'exemption de Chauny, qui prit dans la suite le titre de *Bailliage de Noyon.*

1585. — Assemblée générale du c'ergé de France dans l'église Saint-Germain-des-Près de Paris. Claude d'Angennes, évêque de Noyon, prononce, en présence du roi et de la cour, un discours remarquable.

15 Octobre.

1480. — Décès de Jean Yver, abbé de Saint-Barthélémy de Noyon, qui fit reconstruire l'abbaye détruite par les Anglais en 1369. Son successeur, Jean Lefebvre, fit continuer les travaux.

1801. — Arrêté du gouvernement qui réduit à trente-cinq le nombre des justices de paix du département, et qui supprime les cantons de Babœuf, de Beaulieu et de Carlepont. Les dix communes du canton de Babœuf furent réunies à celui de Noyon ainsi que Beaurains et Genvry. La plupart des communes du canton de Carlepont forment celui de Ribécourt.

16 Octobre.

1404. — Jean de Béthune, seigneur de Bailly et d'Autrêches, constitue, au profit du chapitre de Noyon, une rente à prendre sur la terre de Bailly.

1419. — Simon de Champluisant est député à Arras, par les échevins et habitants de Noyon, vers le duc de Bourgogne, pour lui présenter leur soumission.

1552. — Le corps du seigneur de Hangest-Genlis, père de l'évêque de Noyon, est déposé dans la cathédrale où un service solennel est chanté.

17 Octobre.

1552. — La ville de Noyon est prise par les Hongrois, mise à feu et à sang. La cathédrale ne fut préservée de l'incendie, que par le serviteur Marquet, qui armé d'une hallebarde et caché dans une tour, précipita du haut des degrés trois boutefeux chargés de matières inflammables

Une inscription en latin, placée sur une maison de la rue Saint-Eloi, rappelait cet évènement. Il ne resta debout dans la ville que l'abbaye Saint-Eloi et l'Hôtel-de-Ville, les titres et les papiers ne furent pas épargnés par les ennemis.

Sur les registres aux délibérations de la Chambre communale, on lit la mention suivante :

« Le XVII° jour d'octobre 1552, en ung jour
« de lundy la ville de Noyon fut prinse par les
« ennemys du Royaulme et fut par eulx entière-
« ment bruslée, saccagée et pillée et ny demoura
« entier que la grande église, l'hostel de la
« ville, l'église Saint-Eloy et bien peu d'aultres
« églises et poinct de maisons. »

Dans une information justificative sur les pertes des lettres et titres de la ville, faite en 1558, messire Jean de Macquerel, seigneur de Quesmy, jadis capitaine et gouverneur de Noyon, fait la déclaration suivante :

« .... ledit sieur a bonne mémoire que l'an
« cinq cent cinquante-deux, l'espagnol, lors
« ennemy de France, conduit par la Royne de
« Hongrie et le sieur du Reu, vindrent faire ung
« saccage et bruslement en Picardye où, en-
« tr'autre la ville de Noïon fut surprinse, brus-
« lée et saccaigée après avoir enduré un assault
« ou les habitants de la ville qui entrèrent et
« autres du pays qui estoient venu à refuge et
« perdirent tous leurs biens, et sçait bien que
« la maison de ville au dit Noïon fut bruslée en
« partye ou le trésor des lectres et tiltres furent
« tous bruslés et signalément tous les tiltres de
« la maison Sainct-Ladre, tellement que après
« ledit feu il se recouvra bien peu de papiers
« concernant les affaires de ladicte maison
« Saint-Ladre. »

1601. — Décès de maître Gilles Mortecrette, chanoine de Noyon, âgé de quatre-vingt-huit ans. Il fut inhumé dans la chartreuse du Mont-Renaud.

1669. — Henri de Baradat, évêque, comte de Noyon, pair de France, approuve l'établissement des Sœurs de la Croix, dans la ville de Chauny, à la requête d'Antoinette Tavernier, dans le but d'apprendre aux filles pauvres de la ville « à lire, écrire, coudre filer et autres actions propres à celles de leur sexe. » Le prélat approuve leur règlement qui comportait vingt-trois articles, dont le neuvième disait : Les sœurs s'iront aux églises, sermons, stations et catéchismes ni ailleurs qu'avec leurs *coefes* tant pour la modestie chrétienne que pour suivre le mandement apostolique.

1686. — Les doyen et chanoines de la cathédrale de Noyon, administrateurs des biens de l'hôpital Saint-Jacques des Capettes de cette ville, font au marquis de Nesle, la déclaration des biens relevant du marquisat ; ils reconnaissent l'obligation de nourrir et d'instruire un écolier désigné par le seigneur de Nesle.

1773. — Charles Carin, notaire à Ressons, ouvre une étude à Elincourt-Sainte-Marguerite qui subsista jusqu'en 1792, époque à laquelle elle fut réunie à celle de Delannois de Ressons.

1794. — Mise en adjudication devant le Directoire du district de Noyon, des bâtiments et des biens de l'ex-prieuré de Machemont, divisés en plusieurs lots. Claude Daix se rend pour les habitants de Machemont adjudicataire moyennant le prix de deux cent vingt mille cinq cents francs payables en assignats (perdant alors plus de dix fois leur valeur, et déclara pour command, Charles de Lille, neveu du prieur Joseph Monié, qui continua d'habiter le prieuré, où il mourut le 25 février 1804, après avoir été maire de Machemont pendant neuf ans.

1793. — La convention nationale décide que Joseph Lebon, représentant du peuple, sera envoyé dans le département de l'Oise pour épurer les administrations de Noyon. Dans la séance, Couppé prend la parole et dit : « Je sais que « dans le district de Noyon on veut aussi révolter les campagnes contre le mode de réquisition des grains et que l'esprit sectionnaire « se propage dans le pays. Je demande que le « représentant Lebon soit autorisé à le parcourir. » Cette motion est adoptée. Lebon ne put remplir cette mission, il fut remplacé par Levasseur, député de la Sarthe.

1838. — Les dépêches de Noyon pour Compiègne qui contenaient pour neuf cents francs de valeurs, sont volées dans les écuries de la poste aux chevaux. La police, après bien des recherches, trouva le paquet de dépêches intact, caché sous un tas de luzerne, et le voleur qui était un domestique de la maison.

18 Octobre.

1332. — Sentence de Jean le Cohus, prévôt forain de Compiègne qui décide que les reli-

20.

gieux de Choisy-au-Bac, n'ont aucuns droits
à réclamer sur le Bac-à-Bellerive et que les
droits seigneuriaux appartiennent au prieuré
de Saint-Amand de Machemont.

1423. — Jean Caron, bachelier en théologie,
chanoine de Noyon, donne à l'église trois volumes de Nicolas de Lyre et par testament
lègue deux autres volumes, et vingt-quatre livres parisis pour la construction d'une bibliothèque.

1572. — Mort à Péronne de Gabriel le Géne-
vois de Bleigny, ancien évêque de Noyon. Il
avait résigné son évêché de Noyon en 1590.

1685. — Révocation de l'édit de Nantes ; les
protestants du diocèse de Noyon sont obligés
de s'expatrier, ceux qui restent dans leurs
foyers sont recherchés et poursuivis pour obtenir leur abjuration. L'évêque de Clermont-
Tonnerre déploya un grand zèle pour leur conversion.

1804. — L'abbé Lejeune, curé de Noyon, obtient du Saint-Siège l'autorisation d'ériger dans
son église une confrérie en l'honneur de Notre-
Dame de Bon-Secours.

19 Octobre.

1254. — Simon, maire de Marest, et Helvide,
son épouse, cèdent à l'abbaye Saint-Corneille
de Compiègne, le carion de Marest et les droits
qui en proviennent, moyennant cinquante-deux
livres dix sols parisis.

1403. — Le duc d'Orléans désigne l'évêque
de Noyon, Philippe des Moulins, pour son exécuteur testamentaire.

1767. — L'évêque Charles de Broglie rend
un décret interdisant l'église paroissiale de
sainte Godeberthe de Noyon ordonnant la réunion des ornements et vases précieux de cette
église à ceux de la chapelle des R. P. Cordeliers de la même ville.

1798. — Vente faite nationalement au sieur
François Longuet, cultivateur à Crépy, moyennant huit mille cent francs, des ruines du château de Pierrefonds.

20 Octobre.

1421. — L'échevinage de Noyon décide de
faire cesser le guet du *mitriet aux etrons* à

cause des grands frais qu'occasionnaient les gardes en faisant du feu toute la nuit.

1625. — Henri de Baradat, évêque de Noyon, donne son consentement à l'établissement des Ursulines dans la ville de Noyon. Le chapitre donne aussi son adhésion deux jours après.

1722. — Le roi Louis XV étant à Soissons se rendit le lendemain à l'église pour y entendre la messe; l'évêque alla au-devant de lui et à l'entrée du portail lui adressa cette allocution: « Les ministres de Dieu croyent vous devoir, « sire, autre chose que des respects vulgaires « et des applaudissements flatteurs. Cette ai- « mable jeunesse qui gagne les cœurs, inquiète « par ses charmes mêmes ceux qui savent « combien il est facile d'en abuser. Ils n'envi- « sagent point sans quelque effroi, ce moment « trop flatteur qui s'approche où votre majesté, « jouira de ce droit, funeste à tant de rois « jeunes, de pouvoir tout sans contrainte. »

1804. — M. de Villant, chargé des diocèses d'Amiens et de Beauvais, approuve les faveurs spirituelles accordées à la confrérie de Notre-Dame-de-bon-Secours, dont les exercices de piété se faisaient dans la chapelle Saint-Nicolas.

1840. — Le roi reçoit une adresse du Conseil municipal de Noyon, à l'occasion de l'attentat commis sur sa personne le quinze.

1838. — Mort d'André Dumont, ancien membre et président de la Convention nationale, ex-sous-préfet d'Abbeville, âgé de plus de quatre-vingts ans. Il fut envoyé en mission dans l'Oise, et vint à Noyon, où sa présence ne donna lieu à aucun excès révolutionnaire. On n'a rien dit sur sa tombe: cet éloge en valait bien un autre.

21 Octobre.

902. — Diplôme de Charles-le-Simple, daté de Villeneuve-Saint-Georges, confirmant au chapitre de Noyon, à la demande de l'évêque Hédilon, les biens que les chanoines possédaient à Mauconet, provenant de la libéralité des évêques de Noyon.

1359. — Le Dauphin, régent de France, donne à l'évêque de Noyon, des lettres de non-préju-dice du siège de la prévôté de l'exemption de Chauny, qui était alors à Noyon.

1661. — Le chancelier d'État Letellier, adresse

à M. de Clermont-Tonnerre, l'évêque de Noyon, la lettre suivante datée de Fontainebleau: Monsieur, les prisonniers qui ont été mis à la Bastille sur le sujet de feu M. de Lenoncourt, ont été resserrés, si M. de Besmuns a exécuté, comme je n'en doute pas, l'ordre verbal qui lui a été donné de le faire il y déjà quelques jours ; et je crois qu'ils ne seront pas relachés. Mais je dois vous faire observer, Monsieur, qu'il est nécessaire de presser l'interrogatoire de ces prisonniers, parcequ'il ne serait pas juste de les laisser toujours languir dans une prison. »

Il s'agit dans cette lettre de l'abbé de Senoncourt, qui avait institué l'abbé de Tonnerre, héritier de tout son bien; les gens emprisonnés étaient accusés d'avoir détourné des effets de la succession.

1385. — Le roi Charles VI passe à Noyon, en revenant de Flandre. L'échevinage lui fait une brillante réception.

22 Octobre.

1591. — La municipalité de Noyon et Charles Philippon, chirurgien, signent un traité par lequel ledit sieur Philippon s'engage : « à visiter « toutes et chacunes des personnes qui seront « malades de peste, charbons, pustules, étin- « celles, glandes et tout ce qui dépend de la ma- « ladie contagieuse, même ceux qui en seront « suspicionnés, leur appliquer, si besoin est, « emplâtres, onguents, drogues, médicaments « requis et nécessaires pour leur santé et gué- « rison ; les phlobo-tomer, percer, soigner, « ventoser, inciser et cautériser s'il en est be- « soin et généralement de les panser et médi- « camenter au mieux qu'il lui sera possible, en « sorte qu'il n'en arrivera inconvénient par sa « faute et négligence. »

De son côté, la municipalité promet de payer au chirurgien la somme de 8 écus soleil de rente par mois, de lui bailler 15 sols tournois par jour pour sa nourriture, et de lui fournir un habillement « décent à son état. »

1465. — Jean Dougnet, lieutenant du bailli de Vermandois, réclame au chapitre de Noyon, trois voleurs échappés de la prison de la porte Corbault et qui s'étaient réfugiés dans la cathédrale. Les chanoines refusent de livrer les voleurs à cause du droit d'asile.

1792. — Arrêté du Conseil général de la Commune, qui nomme des commissaires pour procéder à l'évaluation de l'argenterie des églises.

1718. — L'évêque comte de Noyon, pair de France, étant à Saint-Quentin, accorde aux Sœurs-de-la-Croix la présence perpétuelle de J.-C. dans le tabernacle de la Chapelle du Couvent, et leur enjoint de dire l'office de la Vierge, tous les jours.

1814. — Prestation de serment de Mᵉ Claudin, notaire à Lassigny, qui quitta son étude en 1817, pour prendre celle de Vic-sur-Aisne, en remplacement de Mᵉ Tondu du Metz, notaire à Attichy.

23 Octobre.

1389. — Catherine de Roquier, native de Compiègne, est condamnée comme proxénète, à être mise au pilori et brûlée vive.

1631. — Mort de Michel Guilin, curé de Vauchelles et natif de Saint-Christ. Il fut inhumé dans la Chapelle de la Vierge dans l'Eglise, où l'on voit encore sa pierre tumulaire contre la muraille.

1793. — Départ de Noyon de huit détenus, parmi lesquels étaient : Louis-François Merlet transféré à Paris, Félix Maquaize, transféré à Liancourt, ainsi que François Dautrevaux, Thomas Desplanques et Girard Chatillon Delafont des Essarts de Cuy, est transféré à Paris, tandis que Marie Meniocle d'Espinay est mise en liberté le 3 pluviose.

24 Octobre.

1463. — La Chambre communale de Noyon décide que le maître (directeur) de la léproserie Saint-Ladre sera destitué de son emploi et sera remplacé par un autre plus *capable*.

1793. — Le district de Noyon discute les moyens propres à maintenir l'ordre sur le marché au beurre. Il paraît que les lieux où s'assemblent ces femmes ont toujours été marqués par des désordres. Faut-il faire remonter à cette époque l'origine du fameux dicton picard, qu'on applique ordinairement à une société bruyante : « *On dirait un marché au beurre.* »

(L'académie veut : On dirait d'un marché au beurre, mais l'académie n'a pas toujours raison).

25 Octobre.

1415. — Défaite de Azincourt, dans laquelle périrent: Mathieu et Jean d'Humières, Bertrand de Belloi, chevalier, Jean de Chaule, seigneur de Brétigny, Raoul de Longueil et autres chevaliers. Parmi les prisonniers étaient: le seigneur de Canny, le sire d'Humières, le seigneur de Roye, etc.

1454. — Assemblée capitulaire dans laquelle il est décidé que les chanoines ne porteront pas de *socles* dans le chœur de la cathédrale de Noyon, pendant les offices.

26 Octobre.

1581. — Henri III écrit aux « maire, échevins, « bourgeois, et habitans de la ville de Noyon », pour leur ordonner des prières publiques et des processions générales *afin qu'il plût à Dieu de donner à luy et à la royne un beau filz.*

1870. — Capitulation de Metz par Bazaine; les Prussiens s'avancent alors vers Paris et envahissent le Noyonnais.

27 Octobre.

1661. — L'ingénieur du Bourgneux, fait un rapport sur les travaux à exécuter à la rivière d'Oise, entre Nouvion et Sempigny.

1708. — Entrée à Noyon de Mgr de Rochebrune; la compagnie de l'arquebuse était allée au-devant du prélat jusqu'à Chiry et le capitaine des arquebusiers Decaisne, l'avait complimenté.

28 Octobre.

1410. — Agnès de Genvry, dame du lieu, fournit au seigneur de Nesle, le dénombrement du fief de *Sénicourt* appartenant à la seigneurie de Genvry.

1791. — La *Cloche-frères* est descendue du clocher de l'église Saint-Martin pour être placée dans les tours de la cathédrale. Elle pèse trois mille trois cents livres; une inscription indique qu'elle a été bénite par l'évêque de la Cropte de Bourzac, le prêtre Gosse étant alors curé, et l'apothicaire Delaporte, marguillier. Elle fut nommée *Jeanne-Pierre*, par son parrain Bonnedame, chanoine, et par sa marraine Jeanne de Beaucousin, veuve de Pelleton des Fossés, avocat au parlement.

1793 — En exécution d'un vœu exprimé par la société populaire de Noyon, pour l'épurement de la municipalité de Noyon, le conseil général assemblé et le citoyen procureur entendu, il est procédé à l'épurement. Le Conseil arrête que le citoyen *Devin* a perdu la confiance du peuple ; en conséquence, il est suspendu de ses fonctions d'officier municipal et remplacé par Marie Picquet, notable, ainsi que les citoyens Margerin père et Tourbier, puis le citoyen Guidé, réquisitionné par la loi, à cause de son état *d'apoticaire*.

1793. — La municipalité arrête que dès demain, il sera mis des ouvriers pour abattre les figures des saints qui existent aux différents portails de l'église paroissiale.

1793. — Les noyonnais dont les noms suivent sont arrêtés et conduits au château de Chantilly :
Emmanuel Delafons des Essarts, transféré à Paris, le 16 germinal. Louis-Charles-François Dautrevaux, transféré à Liancourt, le 6 thermidor.

1823. — M. O. Harlay, *maître d'harmonie* de la loge maçonnique de Noyon, donne sa démission. « La gaieté franche, dit-il dans sa lettre, « *l'hilarité sincère*, et cette cordialité qui doit « régner entre ces vrais amis de l'union désirée « étant banni du Temple mac∴ à l'O∴ de « Noyon, je ne puis plus long-tems faire partie « de cet *atelier*. »

1825. — Vente de la maison de l'ancien prieuré de Machemont par le vicomte de Héricourt, à M. Boulard qui fait restaurer la maison conventuelle et reconstruire les communs incendiées en 1814. Sur la façade Sud est placée une plaque de marbre avec cette inscription :

PRIEURÉ DE SAINT-AMAND
1685
RESTAURÉ — 1875.

1832. — Ordonnance royale qui détache la commune de Sazoy de celle de Larbroye, à laquelle elle avait été réunie en 1827.

1836. — Ordre du jour publié par le commandant de la garde nationale de Noyon, M. Michaux Hannonet, concernant les soins que les gardes nationaux doivent prendre des armes qui leur sont confiées.

29 Octobre.

1699. — Arrêt du conseil du roi ordonnant aux chevaliers de l'arc de Noyon de céder leur jardin aux sœurs de Sainte-Angèle de Brescia, moyennant trois mille livres qui devront être employées à l'achat d'un autre terrain.

30 Octobre.

1432. — Jehan de Luxembourg, comte de Ligny, seigneur de Beaurevoir et de Bohain, contracte avec Guillaume de Flavy, capitaine de Compiègne, de Dives, Verberie, Longueil, La Motte, etc., une trève de paix, ou « abstinence de guerre » pour tous les pays soumis à l'autorité du duc de Bourgogne et à celle de Guillaume de Flavy.

1514. — Une procession générale a lieu à Noyon, à l'occasion d'un sacrilège commis dans l'église Saint-Germain, pour avoir révélation des voleurs qui avaient enlevé le Saint-Ciboire avec les hosties. Quarante jours d'indulgence sont accordés à ceux qui y assisteront et qui jeûneront le vendredi.

1552. — Henri II, par lettres patentes datées de Reims, accorde aux habitants de Noyon différents avantages pour les aider à réparer les désastres qu'ils avaient éprouvés par la prise de leur ville.

1618. — Décès de maître Adrien Brasseur, natif d'Elincourt-Sainte-Marguerite, chanoine théologal de la cathédrale de Noyon.

1628. — La nouvelle de la prise de la Rochelle arrive à Noyon, elle est accueillie par le carillon de toutes les cloches et par des feux de joie.

31 Octobre.

1199. — Charte donnée à Saint-Germain par laquelle Philippe-Auguste confirme l'accord conclu entre Etienne, évêque de Noyon, et le chapitre de l'église de Noyon, au sujet de la portion que l'évêque possède dans la forêt de Laigue. En 1202, un autre accord conclu entre l'évêque Etienne et l'abbé d'Ourscamp au sujet de la même forêt, est confirmé par le roi.

1537. — Charles Cauvin, frère de Jean Calvin, après avoir été chanoine de Nesle, curé de Roupy, et avoir encouru les censures ecclésiastiques, meurt sans vouloir recevoir les sacrements Il fut enterré nuitamment entre les fourches patibulaires de Noyon.

1576. — Le roi Henri III donne à Marie Stuart, veuve de François II, en garantie de sa dot, le bailliage du Vermandois comprenant Noyon, Chauny, Soissons, Péronne, etc.

1823. — Ordonnance royale réorganisant le service de charité et fondant les bureaux de bienfaisance de Noyon.

1er Novembre.

1398. — Décès de Jehan de Nesle, seigneur d'Offémont et de Mello ; il fut inhumé dans la chapelle Saint-Nicolas de l'église abbatiale d'Ourscamp. Près de lui reposait sa femme, Ade de Mailly.

1406. — Jehan Delie, prévot de Chauny, par l'ordre du bailli de la duchesse d'Orléans, se rend à Flavy-le-Meldeux, pour s'emparer de trois brigands et *aguetteurs* de chemins, mais ils s'étaient enfuis à Magny (Guiscard).

1434. — L'échevinage de Noyon proteste de la ferme volonté des habitants, d'observer la trève de 1432 et de la faire respecter.

1434. — Les Maires, jurés et communauté de la ville de Noyon réunis en assemblée générale, condamnent à mort Cointinet d'Estrées et Jehan d'Armignac, pour meurtres, pilleries et larcins, commis tant à Noyon qu'aux environs. Ces deux malfaiteurs furent noyés le 6 novembre, au Pont d'Orgueil.

2 Novembre.

1628. — Le clocher de l'église de Lassigny s'écroule au moment de la procession des trépassés, et ensevelit sous ses ruines cinquante-cinq personnes, parmi lesquelles beaucoup de femmes qui furent tuées. Il y eut aussi un grand nombre de paroissiens qui moururent des suites de leurs blessures.

1771. — Le lieutenant de la justice seigneuriale de Ribécourt, fait planter sur la place, vis-à-vis l'église et en face du château, un poteau servant de pilori, pour mettre au carcan les malfaiteurs qui y seraient condamnés. Au-dessus du poteau, étaient les armes du seigneur Réray, et au-dessous le collier en fer avec une chaîne et son cadenas.

1777. — Louis-André de Grimaldi, des princes de Monaco, est transféré de l'évêché du Mans, à celui de Noyon. Il mourut en 1806, émigré en Angleterre

3 Novembre.

1401. — Jeanne d'Amboise, dame de Nesle, femme du comte de Dammartin, fonde dans la collégiale de sa ville, une messe basse quotidienne, appelée la *messe d'amboise*, pour laquelle elle donne cinquante journaux de bois dans la forêt de Fréniches et de Beaulieu.

1792. — Les sœurs de la Sainte-Famille de Noyon sont dispersées, et leur maison est fermée. Avant leur départ, elles remettent à la municipalité le reliquat des aumônes recueillies par elles, pour assister les prisonniers.

1835. — Ordonnance royale fixant à deux le nombre des notaires du canton de Lassigny; un en résidence au chef-lieu et l'autre à Beaulieu-les-Fontaines, où fut transférée, l'étude qui existait à Dives.
Autrefois un des notaires de Lassigny dépendait du bailliage de Noyon.

1838. — Premier voyage du bateau à vapeur n° 2, l'*Oise*, construit par M. Conti, fait avec succès de Compiègne à Soissons; au retour de cette ville il s'arrête à Sempigny « afin de lier connaissance avec les Noyonnais » accourus en foule, ils font au nouveau bateau l'accueil le plus empressé et admirent le nouveau moyen de franchir les distances.

4 Novembre.

1344. — L'abbé et les religieux d'Ourscamp s'obligent à verser dans le trésor royal les droits féodaux dûs au roi pour des prés sis à Saint-Christophe-à-Berry, non loin de l'église.

1406. — Le prévot de Chauny remet entre les mains de l'évêque de Noyon, Nicaise du Maz, prêtre, qui était détenu dans les prisons de Chauny, pour certains méfaits.

1542. — Le chapitre de Noyon invite les chapelains, et les chanoines qui ont quitté la ville, à venir reprendre leur poste. La plupart des maisons canoniales étaient en ruine, et la cathédrale était dépouillée de ses ornements.

1662. — L'évêque de Noyon, François de Clermont, établit le tableau de la répartition des subventions que les établissements ecclésiastiques du diocèse doivent fournir. Le prieur de Saint-Amand devait payer vingt livres par an, l'abbaye de Saint-Eloi, dix-sept livres, celle d'Ourscamp, cinq cents livres.

5 Novembre.

1193. — L'évêque de Noyon assiste au Concile tenu à Compiègne, concernant la nullité du mariage de Philippe-Auguste. avec Ingeburge de Danemark.

1752. — Les religieux de l'abbaye Saint-Eloi de Noyon autorisent les chevaliers de l'arc de Saint-Léger-aux-Bois à accepter le bouquet provincial offert par les archers de Choisy-au-Bac.

1772. — Charles de Houssy, chanoine de la cathédrale et syndic général du diocèse, présente à l'évêque de Broglie, de Noyon, un rapport tendant à la suppression de la confrérie de Notre-Dame-des-Joies, existant dans l'Eglise cathédrale.

6 Novembre.

1426. — La petite cloche placée sur la tour Notre-Dame, pour faire le guet. étant tombée, l'échevinage de Noyon décide qu'on mettra à sa place la petite cloche du beffroi, appelée *Ganette*, jusqu'à ce que l'autre soit remise en état. Le chapitre consentit à cette substitution.

1553. — François d'Aumale, écuyer, seigneur de Nampcel, et ses frères, font foi et hommage aux héritiers de Jean d'Humières, pour le fief du Saussoy, sis à Ribécourt.

1628. — Un *Te Deum* est chanté dans la cathédrale de Noyon pour célébrer la prise de la Rochelle ; les officiers de la ville et du bailliage assistaient à cette cérémonie, ainsi qu'un grand concours du peuple.

1698. — L'évêque de Noyon, de Clermont-Tonnerre, s'oppose au rétablissement des fonts baptismaux qui existaient dans l'église abbatiale de Ham, depuis son origine. Louis Fouquet, évêque d'Agde, était alors abbé commendataire de Ham.

1793. — Le comité de surveillance révolutionnaire de Beauvais, requiert le département de faire exécuter dans la ville de Noyon, l'arrêté d'André Dumont, avec toute l'énergie dont il est capable, c'est-à-dire de faire traduire à la barre de la Convention, tous les saints, châsses, reliques et notamment la fameuse châsse de Saint-Eloi, qui se trouve dans le corps du maître autel; mesure que propose la section du Muséum de Paris.

7 Novembre.

1435. — Le chapitre de Noyon cesse de célébrer l'office divin dans la cathédrale, à cause de la présence de Jean de Compiègne, maire, qui avait encouru les censures ecclésiastiques, pour avoir fait emprisonner un chapelain de la cathédrale. L'office fut dit en l'église de la Magdeleine.

1654. — Lettre datée de Noyon, adressée à madame de Sévigné, par son cousin le comte Rabutin : J'attends ici, madame, la venue du « Messie, c'est-à-dire les ordres du quartier « d'hiver, avec une fort grande impatience, je « ne m'ennuie pas trop.... je me lève tard, je « me couche de bonne heure, je vais, je viens, « j'entre en colère.... comme cela les journées « ne durent rien.... »

1749. — Le prêtre Charles-Denis de Haussy, curé de la paroisse Saint-Hilaire de Noyon, donne à la fabrique de l'église de Fonches, dix journaux de terre, sis à Fonchettes, pour la fondation d'une école gratuite de filles.

1767. — Les officiers de police de la ville de Noyon, font un rgèlement concernant la monture des blés et la rétribution des meuniers, qu'ils ordonnent d'afficher dans le cloître de la cathédrale, où les chanoines prétendent avoir seuls toute justice et tout droit de police.

1773. — Sept notables habitants de Salency, sont envoyés à Dijon, pour avoir des reliques de Saint-Médard, dont le corps avait été transporté dans l'église Saint-Etienne de cette ville, lors de l'invasion des Normands. Ils obtiennent des ossements qu'ils rapportent à Salency.

8 Novembre.

1582. — Arrivée du roi Henri III à Noyon; l'évêque d'Angennes, présente au monarque le livre des évangiles et lui fait une harangue. Le lendemain le chapitre envoya des députés au roi pour le complimenter.

1750. — Naissance à Noyon, de François-

Philippe Gourdin, fils d'un peintre. Il était l'aîné de quinze enfants ; en 1760, il entra chez les Bénédictins et fit profession à l'abbaye de Saint-Georges. Il publia en 1769, une brochure intitulée : *l'homme sociable*; et cinq ans après : *Les après-diner à la campagne*. Gourdin, fut admis à l'académie de Rouen, où il occupa des postes importants. Il avait été obligé d'abandonner le sacerdoce pendant la révolution, mais il resta fidèle à ses devoirs. Il mourut en 1824 à Bonsecours.

1793. — Huit personnes détenues dans la prison de Noyon quittent cette ville pour être transférées les unes au château de Chantilly, les autres à Liancourt, comme Louis-François des Essarts et Jean Leclerc ; Joseph Moqueaux et Etienne Gravet furent envoyés à Argenlieu.

9 Novembre.

1293. — Lettres du roi Philippe-le-long, donnant à la cathédrale de Noyon, les carrières du Mont-saint-Mard, situées dans la forêt de Compiègne.

1404. — Englebert Gaillard, exécuteur de la haute justice, à Laon, reçoit quatre livres tournois, pour avoir décapité et pendu Antonin de Pierrepont, Dent de fer et Colezy, condamnés à mort pour des assassinats commis à Flavy-le-Meldeux et aux environs.

1660. — Marguerite de Charmolue, dite sœur de la Mère-de-Dieu, religieuse Ursuline, meurt à l'âge de trente-neuf ans, alors que Marie de Sacqueville était supérieure de la communauté.

10 Novembre.

1542. — Un Noyonnais, Antoine Troussel, voulant fabriquer chez lui de la poudre à canon, met le feu à sa maison et à un quartier de la ville. La chambre communale interdit, sous les peines les plus sévères, de faire de la poudre dans l'intérieur de la ville.

1567. — Bataille de Saint-Denis, dans laquelle périt le sire de Canny, François de Barbançon, seigneur de Varesnes, Babœuf, Appilly, Mondescourt, etc., et capitaine de Senlis.

1811. — Ouragan très violent, qui renverse le berceau que Napoléon avait fait élever en 1810, pour être agréable à Marie-Louise, le long de la limite du parc du palais de Compiègne. Il avait deux kilomètres de longueur ; il en reste encore quelques parties.

11 Novembre.

1660. — Naissance à Chauny de Charles Witasse, qui devint un célèbre docteur en théologie, et professeur royal ; mais ayant refusé d'accepter la bulle *Unigenitus*, il fut exilé à Noyon, et destitué de sa chaire. Il mourut le 12 avril 1716.

1793. — L'évêque constitutionnel de Beauvais, Massieu, déclare à la Convention, dont il est membre, que renonçant au célibat, il épouse la fille du maire de Givet. Cette union ne fut pas heureuse, et se termina par un divorce. Obligé de quitter la France en 1816, Massieu se retira en Belgique, où il mourut en 1826, dans un état voisin de la misère.

12 Novembre.

1168. — Mort de Guibaldus, prieur, puis abbé de Saint-Eloi de Noyon. Il avait reçu de Simon, évêque de Noyon, l'autel de Genvry, et de Guy, chatelain de Noyon, des redevances à Crisolles,

1384. — Lettres du roi Charles VI, données à Noyon, chargeant l'abbé de Saint-Eloi, Guérard et autres, de lever une contribution de neuf mille cinq cents livres sur le comté de Ponthieu pour servir à payer les troupes que l'on devait opposer aux Anglais.

1682. — L'évêque de Noyon, de Clermont-Tonnerre, commandeur de l'ordre du Saint-Esprit, célèbre la messe du Saint-Esprit, et fait un long sermon au sujet de la rentrée du parlement.

13 Novembre.

1793. — Le citoyen Loranger, curé d'Attichy, se présente à la séance publique où étaient réunis le maire, les officiers municipaux et les membres du conseil de la commune, et après avoir réclamé l'attention de l'assemblée fait la déclaration suivante :

« Je dépose tout caractère ecclésiastique ; je renonce pour jamais aux pratiques du culte ecclésiastique, que je regarde comme autant de cérémonies inventées par le mensonge et la cupidité ; aussi plus de messes, plus de vêpres, plus de confessions ; n'attendez plus de moi aucuns actes semblables, dans ce moment où le voile de l'imposture se déchire, où la vérité paraît de toutes parts, j'ai honte de vous tromper encore, je ne veux plus être prêtre, je donnerai la moitié de mon sang pour ne l'avoir jamais été, je ne reste pas moins attaché à la véritable religion, à cette religion qui dit à chaque homme : sois juste, sois bienfaisant, fais ton bonheur en faisant celui de tes semblables; je serai toujours l'ami et l'apôtre de cette religion, mais aussi je ne veux plus en connaître d'autre. »

« Je demande que l'assemblée municipale veuille bien consigner dans son registre la présente déclaration et en envoyer copie aux administrateurs de ce district et du département. »

Le discours du curé fut vivement applaudi.

14 Novembre.

1502. — Le chapitre de Noyon s'oppose à l'entérinement des lettres du légat, concernant l'établissement d'un couvent de Cordeliers dans la commune de Moyencourt.

1564. — Sentence prononcée contre Jehan Castel, natif de Flandre, qui le condamne à être brûlé vif pour s'être marié à Varesnes-les-Noyon avec une veuve, et à la mode des Huguenots.

1793. — La déclaration du curé Loranger est transmise au conseil du district de Noyon qui, après avoir applaudi aux sentiments du citoyen, « le premier parmi les prêtres du district qui se soit élevé au-dessus des opinions destructives de l'ordre social et opposées aux lois de la nature, en choisissant une compagne vertueuse, et en venant déclarer qu'il renonçait à tout culte superstitieux et trompeur pour n'embrasser que celui de la raison et de la vérité », arrête que mention civique de la déclaration du citoyen Loranger serait faite au procès verbal de la séance et que cette déclaration serait transcrite en entier sur le registre.

Le 22 frimaire suivant, Loranger fut mis en état d'arrestation sur l'ordre de Bollet, représentant du peuple, en passage à Noyon, se rendant à Compiègne; il était accusé de manœuvres contre-révolutionnaires.

1855. — Mariage à Noyon de mademoiselle de Lioux, fille du général avec M. Joseph Béharaville, sous-préfet de Trévoux. Il fut autorisé à ajouter à son nom patronymique celui de son beau-père le marquis de Lioux.

15 Novembre.

1557. — Dans une assemblée capitulaire tenue à Paris, au collège d'Ainville, les chanoines de Noyon décident de célébrer le service divin dans la chapelle du palais épiscopal de Carlepont, la cathédrale de Noyon ayant été souillée par les ennemis.

1599. — Adjudication devant la cour du Parlement de Paris, à la requête de l'abbaye d'Ourscamp, du domaine de Louvet, consistant en trois moulins, un à blé, un autre à huile et le troisième à foulon, ces deux derniers furent brûlés en 1523, puis en une maison, des terres et des vignes.

1599. — L'abbaye d'Ourscamp vend à Jacques Danès, seigneur de Marly-la-Ville, président de la cour des comptes, le fief du *Campelot*, sis à Béthancourt, consistant en terres, bois, cens, et droits de justice.

1694. — L'évêque de Noyon, de Clermont-Tonnerre, est reçu à l'Académie française, succédant à Barbier de Haucourt. Le prélat eut la prétention que le directeur de la compagnie le *monseigneurisât*, en répondant à son discours de réception.

1652. — Jugement rendu par les juges de police de la ville de Noyon entre les marchands de grains et les porteurs au sac du marché.

1773. — Sept habitants de Salency : Pierre Sézille, Jean-Simon Lambert, Médard Denis, Pierre Grandin, Pierre Sézille dit *Bacaines*, Jean-François de Saint-Quentin, Claude Denis, sont députés près de l'abbé Sauvel, prieur-curé, à l'effet d'obtenir l'autorisation d'aller à Dijon chercher des reliques de saint Médard.

1838. — Les travaux pour la démolition des remparts de la ville de Noyon et l'établissement d'un boulevard circulaire, sont adjugés moyennant la somme de 32,767 francs, au sieur Gourdin, entrepreneur.

16 Novembre.

1412. — Charmolue Robert, docteur et régent en médecine, est nommé chanoine de la cathédrale de Noyon, au lieu de Jean de Hanssent.

1594. — Henri IV par lettres données à Saint-Germain fait don à son ami et féal Cherles de Humières, lieutenant-général en Picardie, d'une somme de mille écus soleil pour récompense de ses bons et recommandables services. Ce chevalier fut gouverneur de Compiègne, seigneur de Ribécourt, le Saussoy, le Metz, à Dreslincourt, de la mairie de Marest-sur-le-Matz, de la Motte, de Pimprez et de Cambronne, de Vandelicourt, de Lassigny, Grandrû, Béhéricourt, etc.

Il était surnommé *le grand boucher de Picardie.*

1639. — Nomination de Jean-André Gineste, chanoine-official et vicaire du diocèse de Noyon, comme doyen du chapitre-cathédral ; il est installé le 23 du même mois ; il se démit de ses fonctions quelque temps après.

1661. — Mort de Bernard Potier de Gesvres, marquis de Blérancourt, seigneur de Jaulzy, de Cartigny, de Dominois et de Frennes, gouverneur général de Péronne, Montdidier et Roye. Il fut inhumé près de sa femme, Charlotte de Vieuxpont, dans la chapelle Saint-François-de-Salles, de l'église paroissiale de Blérancourt. Ces seigneurs sont les fondateurs de l'hospice de Blérancourt, ainsi que le constate une inscription en lettres d'or placée dans l'église, à droite du maître-autel.

1709. — Lettre de l'évêque de Noyon, M. de Rochebonne, à Mme de Maintenon, au sujet des désordres qui régnaient parmi les religieuses de l'abbaye de Biaches, près de Péronne. Le prélat s'exprimait ainsi : « Le visiteur de l'ordre s'est avisé de donner des privilèges à « plusieurs religieuses de sortir et de demeurer « chez leurs parents dans le monde.

« La plupart de ces religieuses sont à Péronne ; il y en a de fort jeunes. Dans cette « ville, il y a une garnison. L'on voit ces filles « se promenant dans les marchés ; l'on m'a « même assuré que l'on en avait vu sortir à « minuit de l'hôtellerie du Grand-Cerf. »

1793. — L'état récapitulatif des matières d'or et d'argent prises dans les églises de Noyon et envoyées à la monnaie accuse les chiffres suivants :

Or pur 15 marcs 5 onces (3 kilog. 650 gr.)
Argent 2,735 marcs 3 onces (670 kilog.)

1793. — Le conseil du district de Noyon décide que la délibération du conseil de surveillance de Beauvais, concernant la sanctification

22.

des dimanches et fêtes sera faite solennellement dans toutes les communes du district, et que les officiers municipaux seront tenus d'en maintenir sévèrement la juste et nécessaire exécution.

17 Novembre.

1571. — On prend dans la forêt de Cuise un homme qui avait été nourri parmi les loups ; velu comme eux, il hurlait comme eux ; il marchait sur ses pieds et sur ses mains ; il devançait les chevaux à la course, étranglait les chiens et les dévorait.

1651. — Les faubourgs de Noyon sont pillés et brûlés par les ennemis qui amenèrent quinze ou seize habitants.

1753. — Mort de Philippe de Brouilly, chevalier, seigneur de Caisnes et de Herleville, capitaine du logis du roi à Compiègne, inhumé à Caisnes où se trouve sa pierre tombale.

1725. — Naissance à Péronne de Florent-Eustache de Sachy, qui fut chanoine de Saint-Léger et chapelain de l'hospice Saint-Jean de Noyon. L'abbé de Sachy annota *un Vespéral* de la cathédrale de Noyon et laissa un manuscrit imprimé en 1871 sous le titre de : *Essais sur la ville de Péronne.*

1739. — Mort, au château de Bugny, de J.-B. Simon Tondu d'Héronval, bourgeois de Noyon; il fut inhumé dans l'église de Maucourt.

1793. — La société républicaine et populaire de Noyon adresse à ses bons frères et amis des campagnes du même district la circulaire suivante :

« Citoyens,

« Assez et trop longtemps les églises ont été « l'asile de la superstition et du fanatisme. « C'est là que sont nés ces infâmes préjugés « qui ont gâté notre enfance ; c'est là que l'on « nous débitait avec emphase ces opinions mensongères par lesquelles on cherchait à avilir « notre raison. C'est dans ces édifices qui attestent l'orgueil et la vanité d'un clergé trompeur, que l'on a forgé, que l'on a rivé les fers « que nous portons depuis tant de siècles. C'est « là que sous l'enveloppe mystérieuse de vérités plus mystérieuses encore, un effronté « charlatan voulait faire croire à de simples « habitants dans les campagnes, à de stupides

« dévotes dans les villes, des choses qu'il ne
« croyait pas lui-même.

« Hâtez-vous donc de secouer la rouille des
« préjugés et de l'imbécile théologie : reprenez
« le caractère que la nature vous avait donné,
« et que vous n'auriez jamais dû perdre, celui
« d'homme raisonnable, celui de philosophe ré-
« publicain.

« Arrachez de ces temples d'erreurs et d'i-
« gnominie tout ce qui pourrait vous rappeler
« votre esclavage religieux, substituez la statue
« et les emblèmes de la raison aux statues et aux
« emblèmes du fanatisme.

« Ainsi vient d'agir la commune de Paris,
« cette colonne inébranlable de la Révolution ;
« ainsi à son exemple agira la commune de
« Noyon, le dernier jour de cette décade, en
« consacrant à la Raison, à la Liberté, à l'Ega-
« lité le temple autrefois connu sous le nom
« de paroisse, et en se débarrassant pour tou-
« jours des prêtres reconnus maintenant inuti-
« tiles.

« Agissez à votre tour, nous venons de vous
« soumettre des modèles bien capables d'en-
« flammer votre patriotisme. Nous comptons
« que vous ne tarderez pas à remplir nos vœux.

« Salut et fraternité. »

18 Novembre.

1238. — Gautier, doyen du chapitre de
Noyon, donne pour favoriser les religieux de
St-Nicolas-des-Prés, tout ce qu'il possède à
Bohain et à Villers-le-Sec.

1704. — Arrêt du conseil du roi qui change
la rémunération d'un muid de vin à payer, par
an, aux arbalétriers de Noyon, en une exemption de taille et du logement des gens de guerre
pendant un an, en faveur de celui qui abattrait
l'oiseau.

1814. — Promulgation de la loi relative à la
célébration des fêtes et dimanches publiée dans
la ville de Noyon à son de caisse. Cette loi dé-
fendait d'ouvrir les boutiques, de débiter des
boissons dans les ville moindres de cinq mille
âmes. Le duc de Massa, préfet de l'Oise fit exécuter strictement cette ordonnance.

19 Novembre.

1775. — Acte d'affiliation de la fête *des bonnes
gens* instituée à Canon par le seigneur Elie
de Beaumont, intendant des finances, à la fête
de la Rosière de Salency.

19 Novembre.

1662. — L'évêque de Noyon, François de Clermont, fait une prédication dans l'église de Tracy-le-Mont et inaugure la chaire à prêcher qu'avait fait construire le curé Jean Vizet.

1857. — Publication dans la *Chronique scientifique du Courrier de Paris*, par M. de Sauley, membre de l'institut, d'un article sur le théâtre de Champlieu. Cet auteur attribue la construction de cet amphithéâtre au roi Chilpéric qui l'avait fait élever, en 517. Cette opinion donna lieu à diverses observations du savant Peigné-Delacour, d'Ourscamp, consignées dans plusieurs opuscules.

1870. — Jour de marché, soixante uhlans prussiens font leur première apparition dans la ville de Noyon. A l'entrée de la rue Saint-Eloi, ils se divisent en détachements et parcourent les différents quartiers. Un officier se présente à la mairie et demande des renseignements sur la présence des francs-tireurs. Les Prussiens quittent Noyon se dirigeant vers Roye.

20 Novembre.

1506. — Les chanoines de Noyon décident que la librairie ou bibliothèque sera installée dans un bâtiment qui sera construit le long de l'allée menant de l'église à la porte Corbaut; le bois nécessaire sera pris dans les forêts du chapitre C'est le bâtiment qui existe aujourd'hui, affecté encore à une bibliothèque publique renfermant de précieux volumes entre autres un évangéliaire.

1651. — Transaction survenue entre le maire, les échevins de Noyon et les religieux de l'abbaye de Saint-Eloi, par laquelle l'échevinage s'oblige à curer les fossés, à rehausser les remparts, à aplanir le bastion qui reste du côté de la porte Saint-Eloi. Il s'engage encore à creuser un fossé depuis la porte Baudet jusqu'à la tour *Madouée.*

1741. — Mort du cardinal de Polignac, archevêque d'Auch, qui avait été ordonné prêtre à Péronne, par l'évêque de Pombriand, ex-capucin chargé par l'évêque de Noyon, de Rochebonne, de faire la visite de son diocèse.

21 Novembre.

1534. — Un conflit s'élève entre l'évêque de

Noyon et son chapitre au sujet d'une procession générale qui devait se faire, d'après les ordres du roi, pour « expiation des horribles « blasphèmes vomis et aux indignités commises « contre le sacrement de l'autel par ces âmes abandonnées.

1545. — La peste ayant éclaté à Noyon depuis le mois de juillet, la Chambre décide « que le « maire de la ville enverroit quérir le maître « de l'Hostel-Dieu pour lui ordonner et enjoin- « dre de faire faire des maisonnettes et entref- « fens en la grange de l'Hostel-Dieu pour y « mectre et retirer les infectez de peste et pour « ce se fera ayder du bois de la maison estant « en la maison neufve de la Poterne. »

Le Conseil décide en outre que « l'on fera questes par les maisons avec les boîtes » pour subvenir aux besoins des familles pestiférées.

1591. — Lettre du gouverneur de Noyon adressée à Henri IV informant le roi de la présence du duc de Mayenne à Laon, de son intention d'attaquer Vervins et de la prochaine entrée en France du prince de Parme.

1793. — Mise à exécution par la municipalité de Noyon d'un arrêté de la Société populaire de la même ville qui délègue le citoyen Crochin, à l'effet de procéder à l'installation comme officiers municipaux des citoyens : Brenart, Amaudry, Villette, Mêt Orfeuvre, Van Spaam et Vandremer, ce dernier devant remplir provisoirement les fonctions de secrétaire-greffier de la municipalité.

1870. — Un corps d'armée prussien composé de soldats de toutes armes entre dans Noyon par la route de Chauny. Sur l'ordre du commandant de place les armes de luxe ou de guerre sont déposées à la mairie. Ces armes sont pour la plupart brisées par des soldats derrière le moulin d'Andeux et jetées à l'eau.

22 Novembre.

1338 — Arrêt du Parlement déboutant Foucaud de Rochechouart, évêque de Noyon, qui avait la prétention de condamner à l'amende le maire et les échevins de la ville parce qu'ils avaient prêté serment au roi entre les mains du bailli de vermandois et non entre les siennes, comme il le voulait.

1404. — Mort à Paris, de Gérard d'Athies,

abbé de Saint-Eloi, de Noyon, et archevêque de Besançon. Il fut inhumé dans l'église Saint-Eloi de Noyon. Gérard était natif d'Athies, seigneur de Moyencourt, Ercheu, Hangest, et autres lieux.

1407. — Assassinat du duc d'Orléans ; ce prince par son testament, avait fondé deux messes à dire dans la cathédrale de Noyon, dont une du Saint-Esprit.

1870. — Les Prussiens réclament cinq cents francs à la commune de Flavy-le-Meldeux qu'empoche le saxon Dohna, général de brigade.

1870. — Un convoi de quatre cents voitures de bagages traversent Noyon et se dirigent vers Roye. Les Prussiens commettent des vols en ville. On signale un incendie à Guiscard dans une ferme.

23 Novembre.

1387. — Le roi Charles VI passe à Noyon. On présente à son trésorier quatre pots de vin valant huit sols.

1725. — Le chapitre de Noyon reçoit comme chanoine, Alexandre de Cardevac de Gouy, qui dans la suite fut nommé évêque de Perpignan.

1870. — Les Prussiens visitent la commune de Mareuil-la-Motte et veulent obliger la commune à leur fournir un cheval pour remplacer un des leurs. La municipalité s'y oppose, ils volent une vache et un porc puis se retirent.

1870. — Un escadron de cavalerie prussien traverse Noyon et se dirige vers les communes de Porquéricourt et de Vauchelles.

1870. — Les prussiens arrivent à Thiescourt s'emparent du maire qu'ils emmènent attaché sur un cheval. Ils pillent la commune et abattent un grand nombre de bestiaux ; un maréchal-ferrant qui veut s'opposer à ce vol, est arrêté et battu, sa maison livrée au pillage et menacée d'incendie.

24 Novembre.

1600. — Testament de Jehan Charmolue, natif de Noyon, par lequel il fait diverses donations, entr'autres à l'église Saint-Germain de Noyon à laquelle il lègue une croix de cèdre et un *agnus dei*, puis vingt écus à l'hôtel de ville pour faire deux coupes d'argent portant les armoiries des Charmolue: *de gueules à deux bars adossés d'or, à la croix recrossetée au pied fiché d'argent en chef.*

1592. — Arrêt du conseil d'Etat entérinant une lettre de Henri IV faisant défense aux maire et échevins de Noyon, de lever aucune imposition sur le clergé de la ville.

1774. — Les sept habitants de Salency arrivent à pied à Dijon vers le soir et s'adressent au chanoine Bodier, vicaire général du diocèse, qui le lendemain les présente à l'évêque. Leur démarche avait pour but d'obtenir quelques reliques de St-Médard.

1792. — Les officiers municipaux de Noyon forment opposition à la vente des biens des établissements de charité, dans toute l'étendue de la municipalité.

1873. — Adrien Balny, né à Noyon, le 8 juin 1049, comme capitaine du vaisseau français *Espingole*, attaque et prend la ville de Hong-Yan au Tonkin, et obtient la soumission des autorités de la province. Deux jours après, il prend d'assaut la ville de Phuly, où il installe de nouvelles autorités et un général annamite.

25 Novembre.

1517. — Jean Baissart, trésorier du chapitre de Noyon, est autorisé à faire repeindre le tableau de Charlemagne, bienfaiteur de l'église et de le placer vis à vis du portail dit *Sybilles* ou *Siffleux*.

1532. — Philippe Charmolue remplit les fonctions de garde du scel de la baillie de Vermandois, établi à Noyon, en remplacement de Jean de Fontaine, mayeur.

1870. — Les Prussiens envahissent Beaulieu-les-Fontaines et veulent s'emparer de trois blessés français soignés au château, où une ambulance était établie. Les blessés parviennent à échapper à leurs poursuites.

26 Novembre.

1164. — Le roi Louis le jeune étant à Noyon, confirme à l'abbaye d'Ourscamp une donation que fait Dreux de Cressonsac, en présence de l'évêque de Noyon, et de Guy, chatelain de Coucy.

1284. — Philippe le Hardi, vend au chapitre

de Noyon un fief sis à Genvry saisi sur Gilles de Cateny, chevalier, condamné à mort, par la justice royale pour un meurtre qu'il avait commis.

1438. — Jean de l'Isle, capitaine du château de Dives, retiré dans la forteresse de Bretigny, moleste les habitants de Noyon. Le comte d'Eu l'ayant fait prisonnier, lui fait trancher la tête sur la place de l'Hôtel-de-Ville avec vingt de ses compagnons d'armes.

1615. — Procès entre le chapitre de Noyon et François de Brouilly, chevalier et maire de Brouilly, pour une rente due sur la terre de Lannoy. Un commandement est fait à Charles de Brouilly, chevalier, marquis de Piennes, seigneur de Lannois, pour le paiement des arrérages de cette rente.

1774. — Déclaration par le chapitre de Noyon, au marquis d'Hautefort de Champien, seigneur de Balâtre et de Béhéricourt, des immeubles qu'il tient en franche aumône et sans aucune charge.

27 Novembre.

639. — Mort de saint Achair, évêque de Noyon, prédécesseur de saint Éloi. Il fut inhumé hors de la ville, dans la chapelle de Saint-Georges, appelée plus tard l'église Sainte-Godeberthe.

1294. — Arrêt du Parlement maintenant l'évêque de Noyon dans le droit de contraindre les bourgeois à réparer les fortifications de la ville.

1627. — Décès de Charles de Balzac, évêque de Noyon ; son cœur fut déposé dans la cathédrale au pied d'une pyramide qu'il avait fait élever dans le chœur ; son corps git chez les Célestins de Marcoussy.

1652. — Décès de Philippe de Brouilly, chevalier, seigneur de Caisnes et de Herleville ; il était âgé de soixante-huit ans et fut inhumé dans l'église de Caisnes.

1730. — Sentence du bailliage de Chauny rendue en faveur de P. Cardon, curé de Candor, contre l'abbé de Saint-Éloi-Fontaine, les chanoines de Noyon, les religieux de Saint-Éloi et les minimes de Chauny, tous gros décimateurs de la paroisse de Candor.

28 Novembre.

1288. — Décès de Gilles de Lorris, évêque de Noyon, après trente-neuf ans d'épiscopat ; il fut inhumé dans le chœur de la cathédrale sous une lame de cuivre portant une inscription latine. Il avait fondé quatre messes à dire chaque semaine à la chapelle Sainte-Madeleine.

1685. — Publication d'un règlement épiscopal concernant les missions et les conférences à faire pour obtenir la conversion des hérétiques, et contenant des instructions pour les nouveaux catholiques sur leur conduite à tenir.

1783. — Le sieur Durand, directeur de la comédie de Compiègne, se rend à Saint-Quentin, pour jouer sur le théâtre de cette ville. En passant à Noyon il tente, mais en vain, de donner une représentation de la Rosière de Salency, de Peray.

29 Novembre.

1801. — Bulle du pape érigeant l'église d'Amiens en siège épiscopal, et formant le diocèse des territoires compris dans le département de la Somme et de l'Oise.

30 Novembre.

1361. — Passage du roy Jean le Bon à Noyon. La Chambre députa Franc de Viéfville, et Colart Pelot « pour aller à La Fère et plusieurs « autres lieux savoir et acheter poissons suffi- « sans pour faire présent au roy, c'est assa- « voir grans lus, grans quarfaulz, carpes et « braismes ». Pour compléter ce présent la commune acheta « deux grands buefs » (bœufs).

1446. — Maître Jean *de Riparia*, doyen du chapitre de Noyon, meurt vers trois heures. Il fut inhumé sous l'aigle du chœur de la cathédrale, où l'on voyait son épitaphe en latin.

1499. — Acte capitulaire des chanoines de Noyon constatant qu'Adrien de Lameth de Hénencourt, archidiacre, avait donné pour la chapelle Saint-Éloi un tapisserie historiée contenant la vie et les actes du bienheureux évêque.

1793. — La municipalité noyonnaise décide qu'il sera mis sur les clochers du temple de la Raison et à la porte de chaque maison un drapeau tricolore portant ces mots : *guerre aux tyrans, mort aux accaparateurs.*

1er Décembre.

659. — Décès de saint Éloi, évêque de Noyon, âgé de plus de soixante-dix ans. Il fut inhumé dans le monastère de Saint-Leu.

1793. — Deux cloches de l'église de Viry-Noureuil sont descendues du clocher et conduites au district de Chauny. Il ne resta que la plus grosse des quatre enlevées à l'abbaye de Genlis.

1811. — Cérémonie à Pontoise du couronnement d'Honorine Gossard qui reçoit du frère Marootte, de Noyon, franc-maçon une médaille d'or.

1870. — Des Prussiens arrivant de La Fère viennent à Noyon, réquisitionnent du pain, de la charcuterie et du vin. Ils quittent la ville deux heures après se dirigeant vers Montdidier.

1870. — Les Prussiens reviennent à Mareuil-la-Motte, et sous prétexte que des coups de feu ont été tirés sur eux, ils imposent à la commune une contribution de cinq mille francs. Deux membres du conseil municipal sont envoyés à Compiègne, auprès du général Manteuffel, et après bien des démarches, obtiennent que la commune n'aura rien à payer.

2 Décembre.

1493. — Donation par Simon Héron, maître-ès-arts à Noyon, de deux pièces de terre à l'Hôtel-Dieu de Chauny.

1723. — Un ouragan violent se déchaîne sur Noyon et cause de grands dégâts au gros clocher de la cathédrale, situé du côté de l'évêché.

1870. — Un officier prussien se présente à la mairie de Noyon annonçant l'arrivée d'un détachement de deux cents hommes que la ville aura à nourrir. A deux heures, le détachement arriva et s'établit en partie à la gare, chargé d'inspecter la voie ferrée pour protéger les troupes nombreuses qui passent jour et nuit, en chemin de fer.

3 Décembre.

1567. — Nomination de Jean II de Rogué, seigneur de Ville, Neuflieux, Voyennes, etc., comme gouverneur de Noyon. Il avait épousé Marie de Brouilly.

1645. — Passage à Noyon de Marie-Louise de Gonzague, de la maison de Nevers, allant rejoindre Wladislas VII, roi de Pologne, qui l'avait épousée par procuration, en novembre précédent.

On reçut Marie-Louise avec une grande pompe. La ville lui offrit « deux douzaines de « boëttes de confitures sèches de toutes sortes, « escorces de citrons et dragées, deux douzai- « nes de bouteilles d'hypocras blanc et clairé, « et quatre panniers de fruicts de pays. »

On sait que Wladislas, en voyant arriver Marie-Louise, s'écria sans se lever de sa chaise : « *Est-ce là cette grande beauté dont* « *on m'avait dit tant de merveilles.* »

1660. — Mort de Jacques Sarrazin, natif de Noyon, célèbre sculpteur, recteur de l'académie de peinture et de sculpture. Une statue lui a été élevée dans sa ville natale.

1711. — Arrêt du Conseil d'Etat qui exempte de la taille, du logement des gens de guerre, le sieur Mauroy, chevalier de l'arquebuse de Noyon, pour avoir abattu le rossignol, pendant trois années consécutives.

1791. — François Hognier, voiturier de Noyon, apporte à la municipalité de Compiègne un colis contenant une pierre provenant de la démolition de la Bastille, et adressée de Paris par le patriote Pallois.

1792. — Le couvent de la Sainte-Famille de Noyon est fermé et les sœurs se retirent dans leurs familles. Cette institution avait été fondée en 1679, par Antoine Alet, curé de Pont-l'Evêque, pour l'instruction gratuite des filles.

1793. — La municipalité noyonnaise ordonne la démolition des clochers des églises.

Cet arrêté fut exécuté pour les cloches des paroisses de la ville. Un moment la démolition des tours de la cathédrale fut décidée; un traité avait été passé avec un charpentier de la ville, mais l'opposition tardive de quelques membres du district empêcha la ruine du superbe édifice.

1793. — Sur la plainte faite par le commissaire du département de l'Oise, il est arrêté que les propriétaires de la ci-devant maison de Saint-Barthélemy, seront mandés pour être tenus de démolir sans délai le clocher de la ci-devant église, et qu'il sera donné des ordres au charpentier *ordinaire* de démolir ceux des ci-devant maisons des Ursulines, de la Sainte-Famille, du Collège et du Séminaire.

4 Décembre.

1552. — Le roi fait don à la ville de Noyon d'une « coupe de bois de haulte fustée pour ayder à « rebastir les maisons qui avaient été brûlés. »

1761. — Arrêt du Parlement confirmant une sentence de l'officialité de Noyon, qui nomme un vicaire à Canisy; alors on bâtit une chapelle dédiée à Saint-Charles et un presbytère. Le marquis de Nesle, seigneur du lieu, donna une rente de deux cents livres pour l'entretien de l'église, et quatre cents pour le vicaire.

1870. — Un officier badois réquisitionne une voiture pour se faire conduire à La Fère. Arrivé au-delà de Chauny, cet officier est fait prisonnier par M. Ray, professeur de gymnastique, qui avait revêtu pour la circonstance, un habillement de franc-tireur.

1873. — Paul Balny, capitaine de frégate, prend d'assaut l'importante place de Haïdzong qui commande l'un des bras du delta du Fleuve-Rouge. Le jeune Noyonnais reçoit en grande pompe les officiers de la province et les chefs des congrégations chinoises qui lui apportent des présents.

5 Décembre.

1245. — Mort de Raoul de Coudun, archidiacre de Noyon, qui donna aux religieux d'Elincourt-Sainte-Marguerite, de vastes terrains pour y construire une nouvelle abbaye ; cette donation fut acceptée par le monastère de Lihons en Santerre.

1435. — Jean de Noyon, s'étant fait absoudre des censures ecclésiastiques par Almarès, chanoine pénitencier de la cathédrale, se présente devant le chapitre, et tête nue, fait amende honorable et paye un marc d'argent.

1451. — Dédicace de l'église Saint-Germain, par l'évêque de Noyon, Jean de Mailly. Cette église reçut d'Agnès, veuve de Regnaud de Sorel, une rente annuelle et perpétuelle prise sur toute la terre d'Ecuvilly. La paroisse Saint-Germain de Noyon comprenait le faubourg d'Amiens, les moulins Chatelain, le Point du Jour, les rues de l'Hôtel-Dieu, du Trou de l'Amour, du Tripot d'enfer et quelques autres.

1571. — Mort de Charles de Humières, évêque de Bayeux, grand aumônier de France, abbé de Saint-Riquier et de Saint-Barthélemy de Noyon, qui hérita de sa mère Léonore, les seigneuries de Ribécourt, Dreslincourt, Vandélicourt, etc.

1645. — Marie de Gonzague, reine de Pologne, quitte Noyon pour se diriger par Nesle vers Péronne, où elle arrive le même jour.

6 Décembre.

1237. — André Palette de Biare et Marie, sa femme, vendent au chapitre de Noyon, trois journaux de terre sis à Cressy, vers Flavy.

1482. — Un acte de cette date prouve que l'évêque de Noyon devait donner du vin aux officiers de la ville, la veille de Saint-Nicolas.

1545. — Florence de Blécourt, dame de Cambronne, de la Motte et du fief Saussoy, veuve de Jean II d'Aumale, écuyer, chevalier, seigneur de Nampcel, fait à Jean d'Humières, seigneur de Ribécourt, l'aveu et le dénombrement du fief du Saussoy.

1863. — Des jeunes gens de Marest-Dampcourt, voulant ajouter à la sonnerie ordinaire un carillon en l'honneur de Saint Nicolas, cassent la moyenne cloche de l'église en frappant dessus avec un marteau.

7 Décembre.

1237. — Nicolas de Roye, évêque de Noyon, assiste au jugement rendu par les pairs de France réunis à Compiègne, touchant la manière dont Thomas de Savoie et Jeanne de Flandre devaient prêter leur serment au roi.

1360. — Lettres de rémission accordées par le roi Jean, datées de Noyon, en faveur de Jean de Beauvais, demeurant à La Chaussée-du-bois-d'Eu, qui avait pris part à la jacquerie.

1793. — Le citoyen Gély est nommé par les officiers municipaux de Noyon pour faire la recette des biens des écoles de charité de la ville.

8 Décembre.

1558. — Le roi Henri II, seigneur de Bailly, autorise l'abbaye d'Ourscamp, à rétablir le pont-levis du vieux château de Bailly, dont on voit encore des vestiges.

1709. — Hiver rigoureux, la misère est profonde, la charité publique est impuissante à soulager toutes les infortunes. Des habitants du noyonnais meurent de froid ou de faim.

1793. — Le représentant du peuple André Dumont étant à Boulogne, annonce à la Convention nationale son intention de retourner à Noyon.

« Je suis, dit-il, comme un missionnaire ré-
« publicain ; je prêche partout l'amour de la
« patrie et à quelques intrigants près, tous les
« prêtres et nobles, je crois avoir tout con-
« verti. »

1803. — Mort de Louis Noël Quéhu, né à Cuts vers 1745 ; il introduisit dans Cuts la fabrication de la toile de coton qui jouissait dans le commerce d'une réputation méritée. Il employa dans sa filature les métiers Mall-Jemps, importés en France par Richard Lenoir.

9 Décembre.

1378. — Gilles de Lorris, évêque de Noyon, assiste à Paris, à l'assemblée des pairs de France, au sujet de Jean de Montfort, chevalier, ancien duc de Bretagne.

1577. — Lettres du maréchal Montmorency, gouverneur général de . . . . France, aux maire et échevins de Noyon, au sujet de la maison du chanoine Roo, sieur de Tillancourt, que l'échevinage voulait faire démolir, à cause de sa proximité des remparts. Le gouverneur, après en avoir vu le plan, défend d'y toucher.

1676. — Bail de la cense d'Héronval qui avait appartenu aux religieux de Longpont, moyennant cent quatre-vingt tournois par an, à Jean Christophe Tondu, par Charlotte d'Ailly, duchesse de Picquigny, dame de Magny, Héronval, et veuve de Honoré Albert, duc de Chaulnes, maréchal de France.

10 Décembre.

1129. — Simon de Vermandois, évêque de Noyon, fonde sous l'invocation de Notre-Dame, la communauté des religieux d'Ourscamp, de l'ordre de Saint-Bernardin.

1412. — L'évêque de Noyon, Pierre Fresnel, permet à Gérard d'Athies, seigneur de Moyencourt, de démolir l'église paroissiale qui tombait en ruines et de la rédifier au centre du village. A cette occasion, le seigneur Gérard

donne à la fabrique deux journaux de terre et
quatre à la cure, à la charge d'acquitter annuellement une messe du Saint-Esprit pendant
sa vie, et une messe de *requiem* après son décès.

1413. — Le maieur de Noyon donne à bail à
Jehan Cordier, deux maisons situées près de
la porte Dame-Journe, moyennant certaines
conditions, et un cens de douze sols.

1426. — Le connétable Arthur de Bretagne
et le chancelier Pierre de la Forest se rendant
à Coucy passent à Noyon, l'échevinage leur
présente des bouteilles de vin.

1674. — Vincent Vinart, prêtre et chanoine
de Noyon, lègue une somme de mille livres
pour augmenter la fondation de demoiselle Hélène Watebot, qui avait laissé six mille livres
pour doter des filles pauvres de la ville.

1793. — Les membres du district de Noyon
arrêtent que « l'autel de la patrie sera couvert
« d'un tapis de couleur cramoisi bordé de blanc
« et frangé de bleu. »

1809. — Vente des bâtiments de l'ancien
prieuré de Machemont à M. le vicomte de Héricourt par M. Ygouff, inspecteur des domaines
et de l'enregistrement, par acte passé à Ressons.

11 Décembre.

1430. — Un habitant de Noyon en ayant
battu un autre est condamné à payer cinquante
livres parisis, et à faire amende honorable dans
l'église Notre-Dame, devant l'image de la
vierge.

1466. — Jean de Mailly, évêque de Noyon,
fonde dans la cathédrale d'Amiens deux chapelles sous le vocable de l'annonciation de la
Sainte-Vierge. Le marquis de Mailly présen-
tait le chapelain de ces chapellenies.

1565. — Le chapitre de Noyon fait défense
aux enfants de chœur de donner la crosse et
la mitre à l'évêque des Innocents élu. Il leur permet d'officier aux matines et aux vêpres, mais
sans donner la bénédiction épiscopale ; d'assister au chœur en surplis et en aumusse, et
d'avoir une place dans les hautes stalles près
du trésorier.

1566. — Gabriel le Genevois, évêque et comte

de Noyon, fait son entrée dans sa ville épiscopale ; il s'avança vers la cathédrale pieds et
jambes nus, malgré le froid, et entendit ainsi
le *Te Deum* chanté pour son installation. Il
avait fait une station à la borne du marché au
blé, près l'une des portes du chateau Corbault.

1815. — Décès d'Antoinette de Campagne
d'Avricourt, épouse du comte de Louvencourt,
officier au régiment de chevaux-légers.

1793. — Le conseil du district de Noyon décide que des ouvriers rechercheront les plombs
et les fers renfermés dans les fosses sépultu-
rales de la cathédrale.

1870. — Vingt voitures sont réquisitionnées
à Noyon pour le transport de malades prussiens à La Fère ; mais à Fargniers, le convoi
est fait prisonnier et conduit à Ham.

12 Décembre.

1519. — Mort au château de Maignelay, de
Louis d'Halluin, marquis de Piennes. On lui
fit des funérailles splendides auxquelles assistèrent l'évêque de Noyon, Charles de Hangest,
et les évêques de Beauvais, de Soissons et d'A-
miens.

1625. — Délibération du conseil de ville de
Noyon concernant la plantation du lieu dit :
La plaine, de trois rangées d'ormes et de til-
leuls. C'est cette plaine qui constitue aujour-
d'hui le Cours. (Voir le bulletin du comité de
Noyon, tome VII, p. L.)

1793. — Arrestation du citoyen Lorange, ancien curé d'Attichy, sur les ordres de Bollet,
représentant du peuple près de l'armée du
Nord, passant à Noyon pour se rendre à Compiègne, sous l'accusation de manœuvres révolutionnaires.

13 Décembre.

868. — Willebert, évêque de Châlons, est sacré au monastère de Bretigny par Hinnemar,
archevêque de Reims, assisté d'Eudes, évêque
de Beauvais.

1597. — Edit du roi créant quatre offices de
procureurs près du grenier à sel de Noyon.

14 Décembre.

1594. — Approbation par le roi des articles
de la capitulation de Noyon ; la ville fut remise

aux mains de Henri IV par François Blanchard d'Escluseau, gouverneur, pour la Ligue.

1688. — Enregistrement des lettres patentes du mois de mars 1670, autorisant l'établissement à Noyon de la communauté de la *Sainte-famille*, destinée à l'instruction des jeunes filles et fondée par Antoine Alet, chanoine, ancien curé de Pont-l'Evêque.

1864. — Bénédiction à Marest-Dampcourt de trois cloches dues à la libéralité publique et fondues par Cavillier de Solentes. La grosse cloche porte l'inscription suivante : *L'an 1864 j'ai été donnée par les habitants de Marest et par la famille de M. Pierre-Marie Damay Dubourjel. de Saint-Quentin, j'ai été nommée Gabrielle-Anne-Marie-Laure*, par M. Alfred-Louis Desains et Mlle Euphrasine-Marie-Laure Béranger, de Saint-Quentin. J'ai été bénite par M. Duclert, curé-doyen de Chauny, M. Jean François Brucelles, curé de Marest, M. Vrévin Florentin, maire, et M. Jean Chrétien, MM. Couvreurs, Merlu, Lalonde, Gien, Béranger, fabriciens. » *(Notice historique sur les cloches du Canton de Chauny, par M. Dutailly, membre de plusieurs sociétés savantes.*

15 Décembre.

1344. — Homologation à la cour du parlement de Paris de l'accord fait entre la comtesse de Saint-Paul, dame de Nesle et de Chauny, contre le seigneur de Dargies, seigneur de Lagny, sur la manière de faire des exploits en la ville de Chauny.

1418. — Le roi mande à la ville et au diocèse de Noyon de lui faire aide de douze cents livres levée sur tout le diocèse, pour subvenir aux frais de la guerre contre les Anglais qui avaient assiégé la ville de Rouen.

1497. — Le chapitre des chanoines de Noyon décide que le clergé recevra la monnaie de Tours (tournois), mais qu'il rejettera les écus d'or « qui n'auraient pas le poids convenable. »

1542. — Théodore de Bèze, disciple de Jean Calvin, est nommé prieur commendataire du prieuré-au-bois de Villeselve par la résignation de Nicolas de Bèze, son oncle.

1630. — Pierre de Créquy, seigneur de Moyencourt, donne aux Cordeliers de la seigneurie, une somme de trois cents livres de rente, à prendre sur sa terre. Ces religieux furent, en 1768, réunis au couvent de Noyon.

1725. — Diplôme de maître chirurgien délivré à Louis de Travelay, demeurant à Elincourt-Ste-Marguerite, par les maîtres de la communauté des chirurgiens de Compiègne.

16 Décembre.

1608. — Arrêt du parlement confirmant les chanoines dans la possession !de toute justice sur les maisons canoniales habitées par les chanoines. Cet arrêt mit fin à un procès soulevé entre le chapitre et l'évêque Charles de Balzac.

17 Décembre.

1241. — Le chapitre de Noyon cède à l'abbaye Notre-Dame de Ham, du consentement de l'évêque Simon de Vermandois, la terre de Matigny avec deux moulins et le droit de pontenage, moyennant certaines redevances.

1713. — Les religieuses Ursulines de Noyon achètent à Louis Allart de Saint-Quentin, deux maisons et une grange, sises rue de l'Ange et touchant au couvent.

1736. — Naissance au château de Gagnes, en Provence, de Louis André de Grimaldi qui fut, en 1777, évêque et comte de Noyon. A la Révolution il émigra en Angleterre où il mourut en 1806.

1870. — La ville de Noyon loge le 23ᵐᵉ régiment de cavalerie prussien, un régiment d'infanterie saxonne et une batterie d'artillerie. La ville avait eu à loger le 18ᵉ régiment de lanciers saxons qui, en partant, avait réquisitionné trente voitures.

1879. — Mort au château d'Avricourt de Léopold Balny, maire d'Avricourt, et conseiller général de l'Oise pour le canton de Lassigny.

18 Décembre.

1352. — Etienne II, évêque de Noyon, est fait cardinal, et devient pape sous le nom d'Innocent VI. Il avait été d'abord avocat à Limoges.

1554. — Délibération du conseil de ville de Noyon accordant aux Cordeliers la permission d'acheter l'emplacement de *l'hotellerie de la Croix de Jérusalem* pour y établir leur couvent, rue des Planquettes.

1772. — Suppression de la confrérie de Notre-Dame des joies, par l'évêque Charles de Broglie, à cause des nombreux abus qui s'étaient glissés parmi les membres de cette association. Les revenus furent attribués à l'entretien des écoles de charité. Cette suppression fut approuvée par des lettres patentes du roi enregistrées au parlement.

1829. — Hiver rigoureux, le thermomètre descend à 16 degrés au-dessous de zéro. La neige commence à tomber ce jour là et couvre la terre jusqu'au 9 février 1830. Les blés furent gelés en terre.

1829. — Mort à Paris de J.-B. Pierre-Antoine de Monet, chevalier de la Marck, né à Bazentin-le-Petit, le 1er août 1744, l'un des plus célèbres botanistes et naturalistes de notre époque. Auteur de la *Flore Française* et membre de l'institut de France.

1834. — Une battue aux loups a lieu dans les bois de Guiscard; quatre loups et trois louves sont tués.

19 Décembre.

1432. — Assemblée générale des habitants de Noyon à laquelle assistent les jurés et les gens d'église, décidant de mettre la ville sous la protection du comte de Luxembourg, partisan du duc de Bourgogne, qui s'engageait à la préserver de tout trouble.

1515. — La peste règne à Noyon, le chapitre ordonne des prières et fait des processions pour conjurer le fléau.

1562. — Bataille de Dreux entre catholiques et huguenots à laquelle prit part Henri I, duc de Montmorency qui s'empara du prince de Condé, seigneur de Plessier-de-Roye, et de Roye-sur-Matz.

1881. — Décès à Compiègne de Isidore Berthe de Pommery, autrefois seigneur de Caisnes et de Cuts; il légua en mourant, aux pauvres de la commune de Caisnes, une rente annuelle de quatre cents francs.

20 Décembre.

1404. — Mort de Gérard d'Athies, seigneur de Moyencourt, archevêque de Besançon, 33e abbé de Saint-Eloi de Noyon. Son corps fut ramené de Paris et inhumé dans l'église de l'abbaye de Saint-Eloi, tandis que son cœur fut placé à droite du maître-autel, dans la cathédrale de Besançon.

1484. — A l'occasion de la publication des bulles du pape Innocent VIII touchant l'élection et le couronnement de Charles VIII, il se fait à Noyon une procession générale, à laquelle assistent les magistrats et toutes les communautés religieuses.

1539. — Charles-Quint se rendant en Flandres, pour aller châtier les Gantois, traverse la ville de Noyon qui lui présente les vins de présents, suivant les ordres du roi.

1666. — Arrêt du Parlement mettant fin à des contestations survenues entre l'évêque de Noyon et le chapitre ; la sentence obligeait les chanoines à nommer un vicaire perpétuel pour toutes les personnes laïques des maisons canoniales, et les maintenait dans le droit d'avoir un official.

1686. — Le greffe de la justice, terre et seigneurie de Béthancourt et Cambronne, les poids à peser, les fruits à noyau et le droit de forage sont affermés, moyennant une redevance annuelle de trente-cinq livres et deux paires de poulets.

1774. — Arrêt du Parlement rendu sur un plaidoyer de l'avocat Target et sur les conclusions de l'avocat-général Segnier, confirmant les habitants de Salency dans le droit de choisir une rosière, et condamnant le sieur Danré, seigneur du lieu, aux dépens du procès.

1839. — Ordonnance royale qui règle les alignements de la route départementale de Noyon à Villers-Cotterêts, dans la traversée de Sempigny.

1873. — Mort sous Hanoï, au Tonkin, d'Adrien Balny, enseigne de vaisseau, capitaine de l'*Espingole*, et natif de Noyon.

1883. — Décès de l'abbé Charlemagne Beaudoux, né à Noyon, le 14 août 1799 ; il fut pendant trente-quatre ans, aumônier de l'hospice de Compiègne.

1884. — Mort à Noyon du docteur Alexandre Colson, officier de la Légion d'honneur, praticien habile et archéologue distingué. Il exerçait la médecine à Noyon depuis 1837.

21 Décembre.

1348. — Amboise, sire de Nesle et Marie de Flandres, sa femme, donnent à l'hôpital Saint-Jacques de Noyon sept journaux de terre sis entre Cressy-Omancourt et Wailly (village disparu).

1694. — L'évêque de Noyon, de Clermont-Tonnerre, est désigné par Louis XIV pour prononcer la harangue de clôture dans l'assemblée générale du clergé.

1832. — Ordonnance royale fixant au huit septembre la foire de Noyon qui devait durer neuf jours. Antérieurement elle avait lieu le 23 juin de chaque année. La même ordonnance fixe au premier mardi de chaque mois le jour du marché franc.

22 Décembre.

1474. — Guillaume Marafin fait son entrée dans la ville épiscopale de Noyon ; il promet au chapitre de vivre avec lui en bonne intelligence.

1534. — Arrêt de la cour du Parlement rendu dans un procès pendant entre Jean de Hangest, évêque de Noyon, et le chapitre de la même ville. L'évêque est condamné aux dépens.

1637. — Lettres patentes du roi exemptant de tailles, les arquebusiers de Noyon qui abattaient le rossignol.

1776. — Vente par licitation devant le bailliage de Noyon de la terre et seigneurie de Dives, Divette, baronnie de Plémont et les fiefs de Plessis-Cacheleu, avec toute justice seigneuriale et les droits honorifiques.

23 Décembre.

1376. — Donation faite par le roi Charles V aux habitants de Noyon de cent francs d'or, sur les arrérages dus sur le *fouage*, pour les aider à compléter le paiement d'une horloge publique.

1538. — Les chanoines de Noyon, par décision capitulaire, défendent de représenter, à l'avenir, dans la cathédrale, le *mystère de la béguine*, comme on avait coutume de le faire.

1588. — Assassinat à Blois du duc de Guise et du cardinal, son frère, archevêque de Reims.

Cette nouvelle cause à Noyon une vive émotion. Un service solennel est célébré dans la cathédrale. La ville est mise en état de défense, et Pierre-Antoine Roguée, seigneur de Ville, est nommé capitaine-gouverneur.

1840. — M. Louis-Joseph-Hippolyte Bocquet, vicaire de l'église-cathédrale de Noyon, meurt de l'épidémie régnante (petite vérole), à l'âge de 30 ans.

Ce jeune ecclésiastique, que ses talents faisaient remarquer, mourut victime de son zèle évangélique en visitant les malades atteints par la contagion et en leur portant les secours de la religion. Tous les habitants assistèrent à son convoi.

24 Décembre.

1358. — Philippe Des Moulins est transféré du siège épiscopal d'Evreux, à celui de Noyon, en remplacement de Gilles de Lorris. Il avait été conseiller au Parlement, et ambassadeur du roi près du pape, alors à Avignon.

1389. — Perrin de Quesnoy, larron, est pendu pour avoir tué près de Babœuf, un nommé Geoffroy de Louvain, avec lequel il avait eu une querelle, étant à la foire de Compiègne, logé à l'hôtellerie de la Cloche.

1707. — Nomination à l'archevêché de Rouen de Claude Maur d'Aubigné, évêque de Noyon ; il mourut le 22 avril 1719.

1793. — Lebrun Tondu, de Noyon, ministre des affaires étrangères, est arrêté de nouveau, traduit devant le tribunal révolutionnaire de Paris, et le 27 condamné à mort.

1837. — Les délégués des villes de Compiègne, Noyon, Chauny, La Fère, Ham, Soissons, Reims, Cambrai, Valenciennes, etc., se réunissent à Saint-Quentin pour la première fois, afin d'y traiter de l'établissement du chemin de fer de Paris à Bruxelles.

25 Décembre.

936. — Louis d'Outremer, par un diplôme daté de Compiègne, ordonne de restituer à l'abbaye Saint-Corneille, d'après l'avis de l'évêque de Noyon, tous les biens qui avaient appartenu aux religieux et qui leur avaient été donnés par Charles le Simple, entre autres les villages

de Canny, Gury, Mareuil, Marest, Elincourt, Margny, etc.

1167. — Lettres de Philippe, comte de Flandre et de Vermandois, et de la comtesse Eléonore, son épouse, portant érection de la commune de Chauny ; elle fut confirmée en 1186, par Mathieu, comte de Beaumont, époux en secondes noces d'Eléonore de Vermandois.

1710. — Nomination à la chapellenie de Saint-Eloi, située derrière le chœur de la cathédrale de Noyon, de l'abbé Christophe Tondu, par l'évêque de Chateauneuf, de Rochebonne, alors à Paris, à cause de ses affaires. Nomination confirmée par le pape Clément XI et insinuée au greffe du diocèse de Noyon, le 26 décembre.

26 Décembre.

1786. — Dom Claude-Mau u Mogé, prêtre « bachelier en théologie de la Faculté de Paris, « prieur de l'abbaye royale de Notre-Dame « d'Ourscamp, ordre de Cîteaux, fondation de « Clairveaux », fait bail à plusieurs fermiers « de « 377 mines de terres labourables situées sur le « terroir et seigneurie d'Arsonval, dépendant « de la ferme dudit lieu, appartenant à la mense « conventuelle de ladite abbaye, » — moyennant une redevance annuelle de 6,503 livres 10 sols et 15 paires de chapons vifs et en plumes.

Le lendemain, dom Mogé fait location aux mêmes de 774 mines de terres labourables, sises au même terroir, moyennant une redevance annuelle de 6,192 livres plus dix paires de chapons.

1833. — Eclipse totale de lune visible à Noyon et dans les environs.

27 Décembre.

1823. — Une croix de mission portée par six cents hommes de Noyon et des environs, est arborée devant dix-huit mille spectateurs. Le père Guyon qui avait prêché cette mission fait de touchants adieux à ses nombreux auditeurs.

1824. — Le maire de Noyon, Sézille, remet à l'évêque de Beauvais, Louis de Lesquen, les bâtiments du couvent des Ursulines pour en faire un séminaire.

28 Décembre.

1538. — Les chanoines de Noyon font défense de représenter, à l'avenir, dans la cathédrale, le *mystère de la Béguine*, comme on avait coutume de le faire tous les ans, parce que c'était une occasion de tumulte et de scandale. Les inconvenances qui avaient été commises dans la même église la veille de Noël, à la représentation du *Jeu des Anges*, qui veillaient la nuit autour de la crèche, engagèrent les chanoines à supprimer aussi ce spectacle.

1607. — Testament de Françoise de Grouches, dame de Porquéricourt, fait au château de Vauchelles, par lequel elle lègue à Suzanne de Normandie, issue de son second mariage, la somme de deux mille livres tournois avec deux vaches et ses habillements. A François Desmarest, son fils du premier lit, Jacques de Montguiot, l'aîné et Jacques de Montguiot le Jeune, ses enfants du dernier mariage, la somme de mille livres tournois pour une fois. Testament reçu par Antoine Fouillart, notaire royal à Noyon, en présence de Quentin, charron, demeurant à Beaurains et de Martin Boulanger, vigneron, à Vauchelles.

1622. — Jacques Le Vasseur, doyen du chapitre de Noyon, écrit à son confrère François Geuffrin, au sujet de la fête des Innocents, que les chanoines voulaient abolir. Il leur lance cette apostrophe: « respectables par l'intérieur, « philosophes par le manteau et la barbe, du « reste, vous êtes des pécores. »

1793. — Exécution capitale de Lebrun Tondu, de Noyon, ministre des affaires étrangères, âgé de trente-neuf ans, condamné par le tribunal révolutionnaire.

1846. — Approbation du tarif d'octroi de la ville de Noyon ; les boissons, les comestibles, les combustibles et les matériaux de construction, payent un droit d'entrée.

29 Décembre.

1572. — Charles d'Aumale, écuyer, seigneur de Nampcel et de Cambronne, achète à Valerand de Sains, seigneur de Marigny et de Thourotte, tous les droits seigneuriaux qu'il possédait sur la terre de Cambronne, à la charge de les tenir en foi et hommage du roi, à cause de la chatellenie de Compiègne.

1577. — Charles de Balzac notifie aux chanoines de Noyon, les bulles de la cour de Rome le nommant évêque du diocèse.

1699. — Arrêt du Parlement adjugeant la propriété du jardin de l'arc de Noyon, aux religieuses Ursulines, moyennant le prix de trois mille livres, malgré l'opposition des chevaliers et de l'échevinage, car les archers possédaient ce terrain depuis plus de quatre siècles comme l'attestaient des chartes de Charles IV de 1319

31 Décembre.

1374. — Ranet de la Bretonnière, écuyer, déclare tenir d'Enguerrand de Dargies, chevalier, seigneur de Lagny, un fief sis à Magny (Guiscard)

1436. — L'échevinage de Noyon décide d'envoyer des députés à Lille, pour prévenir le comte d'Etampes des dégâts que commettait la garnison de Manicamp.

1448. — Un accord amiable a lieu entre le chapitre de Noyon et l'évêque Jean de Milly, mettant fin à un procès survenu au sujet d'une rente sur les moulins Châtelains, du cimetière Saint-Martin, de l'hôtellerie du Haubergeron, située sur le marché, et enfin des fours d'Ercheu démolis, sans l'autorisation du chapitre.

1698. — Arrêt du Conseil d'Etat rendu en faveur de l'évêque de Noyon, contre un acte capitulaire des chanoines de la collégiale de Saint-Quentin.

1727. — Les Ursulines de Noyon achètent de la femme de Robert Leclerc, meunier à Herly (Somme, quatre pièces de terres sises aux territoires de Breuil, de Trefcon et de Caulaincourt.

1793. — Le Conseil du district de Noyon reçoit une lettre « du citoyen Gosson, comman-
« dant le détachement de l'armée révolution-
« naire détaché dans cette commune, par la-
« quelle il expose que plusieurs fois et notam-
« ment les jours de marchés, les citoyennes de
« la campagne ne sont pas munies du signe
« *sacré* de la Révolution et qu'au contraire
« elles affectent de le mépriser, puis qu'il s'est
« aperçu que plusieurs l'avaient attaché à leur
« cotillon. Le Conseil général arrête qu'il sera
« donné la consigne à tous les corps de garde
« d'arrêter toutes les personnes qui se présen-
« teront dans la commune sans cocarde ou qui
« affecteraient de ne pas la porter à la tête,
« pour être statué conformément à la loi

Noyon. — Imprimerie J. TUGAUT.

www.ingramcontent.com/pod-product-compliance
Lightning Source LLC
Chambersburg PA
CBHW070637100426
42744CB00006B/713